TAROT
VAN DE WARE LIEFDE

DE GIDS VOOR ONTMOETINGEN,
CONTACTEN EN RELATIES
IN DE LIEFDE

AMY ZERNER EN **MONTE FARBER**

UITGEVERIJ BZZTôH

'S-GRAVENHAGE, 2007

TAROT VAN DE WARE LIEFDE

This edition is published by arrangement with the original publisher, Thomas Dunne Books, an imprint of St. Martin's Press

All rights reserved

Oorspronkelijke titel: *True Love Tarot*
© Copyright Amy Zerner & Monte Farber 2006
© Copyright tekst Monte Farber 2006
© Copyright illustraties Amy Zerner 2006
Design: Elizabeth Elsas

© Copyright Nederlandse vertaling 2007, Uitgeverij BZZTôH bv, 's-Gravenhage
Vertaling: Studio Imago, May Verheyen
Opmaak, productie en redactie: Studio Imago, Amersfoort

ISBN 978 90 453 0408 3

Voor meer informatie en een gratis abonnement op de BZZTôH nieuwsbrief:
www.bzztoh.nl

Alle rechten voorbehouden. Niets uit dit boek mag worden gereproduceerd, opgeslagen in een retrievalsysteem of worden overgedragen op enige wijze, hetzij elektronisch, mechanisch, door fotokopieën, opnamen of enig andere manier, zonder voorafgaande schriftelijke toestemming van de uitgever, volgens de Copyright Act 1956. Eenieder die met betrekking tot deze publicatie een onwettige handeling uitvoert, kan worden vervolgd of aansprakelijk worden gesteld voor opgelopen schade.

WIJ DRAGEN *TAROT VAN DE WARE LIEFDE*
OP AAN ELKAAR EN AAN HET GELUK VAN ONZE
DERTIG JAAR DURENDE RELATIE.
WIJ HOUDEN ELKE DAG MEER VAN ELKAAR
EN BIDDEN OM SAMEN RICHTING DE EEUWIGHEID
TE MOGEN REIZEN.

INHOUD

INTRODUCTIE
~

Ken uzelf **2**

Ware liefde in je leven brengen **3**

De oorsprong van het tarot **7**

De grote arcana en de kleine arcana **8**

Hoe werkt het? **9**

HOE GAAT EEN LEZING
~

STAP 1: Hoe stel je je vraag **11**

STAP 2: Herhaal je vraag voor jezelf terwijl je de tarotkaarten schudt **12**

STAP 3: Zoek de betekenis op van de kaarten **13**

Je intuïtie ontwikkelen **14**

Wat als het antwoord dat je krijgt je niet bevalt? **15**

Kun je een tarotlezing doen voor iemand anders? **15**

Kun je een tarotlezing doen voor iemand die er niet bij is? **15**

Een vriendelijke herinnering **16**

DE GROTE ARCANA
~

0. DWAAS *Vertrouwen* 18

1. MAGIËR *Energie* 20

2. HOGEPRIESTERES *Intuïtie* 22

3. KEIZERIN *Creativiteit* 24

4. KEIZER *Macht* 26

5. HIËROFANT *Traditie* 28

6. GELIEFDEN *Aantrekking* 30

7. ZEGEWAGEN *Vastberadenheid* 32

8. KRACHT *Begrip* 34

9. KLUIZENAAR *Introspectie* 36

10. RAD VAN FORTUIN *Geluk* 38

11. RECHTVAARDIGHEID *Waarheid* 40

12. GEHANGENE *Houding* 42

13. DOOD *Transformatie* 44

14. GEMATIGDHEID *Geduld* 46

15. DUIVEL *Verleiding* 48

16. TOREN *Crisis* 50

17. STER *Hoop* 52

18. MAAN *Angst* 54

19. ZON *Ondersteuning* 56

20. OORDEEL *Perspectief* 58

21. WERELD *Bekroning* 60

HOFKAARTEN EN DE KLEINE ARCANA

~

DE KLEUR VAN ROZEN
ook wel bekend als vuur, actie, staven, stokken of klaveren

~

ROZENPRINSES (PAGE)   *De avonturier*   **66**

ROZENPRINS (RIDDER)   *De aanstichter*   **68**

ROZENKONINGIN   *De leider*   **70**

ROZENKONING   *De motivator*   **72**

ROZEN AAS   *Passie*   **74**

ROZEN TWEE   *Tweesprong*   **75**

ROZEN DRIE   *Kansen*   **76**

ROZEN VIER   *Respect*   **77**

ROZEN VIJF   *Concurrentie*   **78**

ROZEN ZES   *Overwinning*   **79**

ROZEN ZEVEN   *Moed*   **80**

ROZEN ACHT   *Signalen*   **81**

ROZEN NEGEN   *Gewoonten*   **82**

ROZEN TIEN   *Stress*   **83**

DE KLEUR VAN VLEUGELEN
ook wel bekend als lucht, ideeën, zwaarden of schoppen

~

VLEUGELENPRINSES (PAGE)   *De boodschapper*   **86**

VLEUGELENPRINS (RIDDER)   *De uitdager*   **88**

VLEUGELENKONINGIN   *De analyticus*   **90**

VLEUGELENKONING   *De deskundige*   **92**

VLEUGELEN AAS   *Triomf*   **94**

VLEUGELEN TWEE   *Balans*   **95**

VLEUGELEN DRIE   *Verdriet*   **96**

VLEUGELEN VIER   *Privacy*   **97**

VLEUGELEN VIJF   *Nederlaag*   **98**

VLEUGELEN ZES   *Overgang*   **99**

VLEUGELEN ZEVEN   *Oppositie*   **100**

VLEUGELEN ACHT   *Besluiteloosheid*   **101**

VLEUGELEN NEGEN   *Obsessie*   **102**

VLEUGELEN TIEN   *Moeilijkheid*   **103**

DE KLEUR VAN SCHELPEN
ook wel bekend als water, emoties, bekers of harten

~

SCHELPENPRINSES (PAGE) *De romanticus* **106**

SCHELPENPRINS (RIDDER) *De charmeur* **108**

SCHELPENKONINGIN *De invoelende* **110**

SCHELPENKONING *De visionair* **112**

SCHELPEN AAS *Liefde* **114**

SCHELPEN TWEE *Romantiek* **115**

SCHELPEN DRIE *Viering* **116**

SCHELPEN VIER *Herevaluatie* **117**

SCHELPEN VIJF *Teleurstelling* **118**

SCHELPEN ZES *Vreugde* **119**

SCHELPEN ZEVEN *Illusie* **120**

SCHELPEN ACHT *Opoffering* **121**

SCHELPEN NEGEN *Vervulling* **122**

SCHELPEN TIEN *Succes* **123**

DE KLEUR VAN EDELSTENEN
ook wel bekend als aarde, geldmiddelen, pentagrammen of ruiten

~

EDELSTENENPRINSES (PAGE)   *De slimmerik*   **126**

EDELSTENENPRINS (RIDDER)   *De bouwer*   **128**

EDELSTENENKONINGIN   *De voedster*   **130**

EDELSTENENKONING   *De realist*   **132**

EDELSTENEN AAS   *Beloning*   **134**

EDELSTENEN TWEE   *Verandering*   **135**

EDELSTENEN DRIE   *Werk*   **136**

EDELSTENEN VIER   *Bezitterigheid*   **137**

EDELSTENEN VIJF   *Ongerustheid*   **138**

EDELSTENEN ZES   *Vrijgevigheid*   **139**

EDELSTENEN ZEVEN   *Frustratie*   **140**

EDELSTENEN ACHT   *Perfectionisme*   **141**

EDELSTENEN NEGEN   *Onafhankelijkheid*   **142**

EDELSTENEN TIEN   *Bescherming*   **143**

BEZWERINGEN VOOR DE WARE LIEFDE

~

Liefde aantrekken **146**

Jezelf macht geven **147**

Liefde overbrengen **147**

Openstaan voor liefde **147**

Stress verlichten **148**

Een ruzie beëindigen **148**

Een verloren liefde terugkrijgen **149**

Je hartchakra openen **149**

Positiever worden **150**

Eenzaamheid kwijtraken **150**

Een gebroken hart helen **150**

Dromen van liefde **151**

Obsessieve gevoelens stoppen **151**

Jaloezie overwinnen **152**

Een nieuw begin maken **152**

Liefde duurzaam maken **152**

Meer zelfwaardering **153**

Een relatie verbreken **153**

Verdriet loslaten **153**

Vrij zijn van zorgen **154**

Woede loslaten **154**

Je hart openen voor een nieuwe liefde **154**

ALFABET VAN DE WARE LIEFDE
~

155

OVER DE AUTEURS
~

163

INTRODUCTIE

*Tarot is de ultieme 'reality game', omdat het hele leven
in de tarotkaarten besloten ligt.*

TAROT VAN DE WARE LIEFDE is een unieke wegenkaart en gids, die zielsvrienden helpt elkaar te vinden en geliefden bijstaat in het wegnemen van blokkades, zelfs in de donkere tijden van nu. Door middel van tarot kun je contact maken met je kalme innerlijke stem, die zonder twijfel weet wat voor jouw hoogste geluk en vreugde het beste is. Of je nu je bestaande relatie wilt verbeteren of je zielsvriend wilt tegenkomen, *Tarot van de ware liefde* verlicht jouw weg.

In deze opwindende maar stormachtige tijden zijn mensen op zoek naar ware liefde, troost en geruststelling in hun relaties, en singles willen meer dan ooit een partner zien te vinden.

Als je kijkt naar het hoge percentage scheidingen en het groeiende aantal mensen dat hun kinderen in hun eentje opvoedt, zie je de harde consequenties van mensen die het wel gehad hebben met hun relaties en enkel nog voor een echte liefdesverhouding willen gaan. Er bestaat een kunst waarmee je liefde in je leven kunt brengen. Je doet dit aan de hand van bepaalde stappen, die wij je graag aanreiken. Wij hebben *Tarot van de ware liefde* gemaakt om jou met de kunst van de liefde vertrouwd te maken.

Wij hebben de krachtige essence van al onze ervaringen gedestilleerd in dit systeem, zodat jij er in je hectische leven iets aan hebt. Wij hopen oprecht dat het je steunt en sterkt en dat jij de weg naar het geluk en de ware liefde vindt die geliefden van alle tijden zijn gegaan.

KEN UZELF

Duizenden jaren lang hebben mensen die in harmonie met de goddelijke krachten wilden handelen orakels van uiteenlopende goden en godinnen geraadpleegd. Het beroemdste orakel was de Tempel van Delphi. Op dit Griekse eiland raadpleegden pelgrims eeuwenlang het hoogste orakel van de zonnegod Apollo. Het was daar dat men de inscriptie 'Ken uzelf' aantrof op een van de twee grote zuilen die de tempelingang flankeerden. Op de andere zuil stond het even wijze maar minder bekende gebod 'Niets buitenissig'.

Het woordenboek omschrijft een orakel als volgt:

1. Het antwoord *dat sinds oudsher bij een altaar wordt gegeven als reactie van de god of godin op een vraag.*
2. Het medium *dat zulke antwoorden geeft.*
3. Het altaar *waar deze antwoorden werden gegeven.*

Net als bij een hologram bevat elk stukje van het universum alle informatie die nodig is om de hele kosmos te herscheppen. In dit onmetelijke uitspansel is alles met alles verbonden. De onderlinge verwevenheid en afhankelijkheid van alle dingen is een grondstelling van oude wijsheid en een principe dat wiskundig bewezen is door de nieuwe chaostheorie van Benoit Mandelbrot. Een orakel gebruikt zowel onze intuïtie als onze ratio om de uitspraak van de goden op te vangen en te ontcijferen. Door de boodschap voor ons verstaanbaar te maken, kunnen wij er ons voordeel mee doen.

Tarot is een orakel en een vorm van doe-het-zelfanalyse – een manier om geheimen van het zelf te ontsluieren en je zo te gidsen dat je doelen zichtbaar worden. Het is een systeem dat ondersteuning biedt en waarop je kunt vertrouwen als op een wijze vriend. Het is ook een geweldig instrument om mee te brainstormen en stimuleert het creatief beslissingen nemen. Door kaarten te lezen word je je bewuster van je alledaagse omgeving, je hoop en angst, je heden en verleden. Het helpt je bij het kiezen door krachten en invloeden in je leven naar voren te halen, die anders misschien onopgemerkt blijven. Het biedt inzicht en nieuwe ideeën. Tarot maakt je alerter door je af te stemmen op een dieper bewustzijnsniveau. Het is een 'boek van kennis' waarmee je een reis in je binnenste maakt en je spirituele midden ontdekt. De 78 kaarten beelden alle cycli van de menselijke ervaring uit. Tarot helpt je om te focussen en ontwikkelt op die manier je paranormale vermogens en geeft je de macht om tot de beste keuzes in je leven te komen.

Bij elke tarotlezing is het belangrijk om na te gaan wat je denkt en voelt over het verkregen antwoord. Daarna kun je beslissingen nemen op grond van het verhoogde bewustzijn dat het tarot in je situatie brengt. Tarot schrijft je geen handelingen voor, noch dicteert het je gedrag. Wel maak je juist door de kaarten contact met je gevoelens over hoe je leven er nu uitziet. Na een tijdje merk je dat je intuïtie en vermogen om beslissingen te nemen, met en zonder de hulp van tarotkaarten, verbeteren.

Tarot maakt je leven gekruider, maar louter pittigheid is niet genoeg om te kunnen leven. Je hoofdmaal bestaat uit je vrije wil om te beslissen. Het is onze oprechte wens dat je door *Tarot van de ware liefde* meer gaat luisteren naar je innerlijke stem en haar gidsende vermogen. Wij hopen dat ook jij de macht leert kennen die ons heeft bijgestaan en hierdoor je relaties zo lopen als jij graag wilt. Wanneer je je integer, nederig en plechtig opstelt, zal het tarot je alles onthullen.

Voor ons is waarzegging in contact komen met het goddelijke in alle dingen. Tarot geeft ons toegang tot de ultieme verwevenheid in het universum, door onze rationele en intuïtieve vermogens te gebruiken.

WARE LIEFDE IN JE LEVEN BRENGEN
~

Het is een grote eer en een voorrecht voor mij om jou te mogen introduceren in *Tarot van de ware liefde* en alles waar het voor staat, zeker als man. Het vloeit voort uit dertig jaar onderzoek door mijn vrouw en zielsvriendin Amy Zerner en mij. Amy en ik zijn de kunstenaar en auteur van respectievelijk *The Enchanted Tarot* en *The Instant Tarot Reader*. Sinds 1990 hebben we talloze mensen laten ervaren hoe boeiend en nuttig het werken met tarotkaarten kan zijn om inzicht te krijgen in hun leven en de hun omringende wereld.

Amy is sinds 1974 mijn partner. Samen wijden wij ons leven aan het door middel van onze kunst toegankelijk en bruikbaar maken van tijdloze waarheden van oude wijsheidstradities en persoonlijke macht voor iedereen hier en nu in onze moderne wereld. Het is ons gelukt de smetten van eeuwen onbegrip en argwaan 'af te wassen' van de gouden schat die in de occulte (dat wil zeggen verborgen of duistere) en waarzeggende kunst – met name tarot – ligt opgeborgen.

Wij hebben ons erop toegelegd om praktische en levensbevestigende disciplines zoals astrologie, tarot en alchemie gemakkelijk toegankelijk te maken. Alles wat wijzelf leerden over onze eigen geslaagde relatie gestalte geven, is in *Tarot van de ware liefde* te vinden. Hopelijk kunnen anderen hierdoor net zo van hun leven gaan genieten als wij.

Veel mensen hebben er last van dat ze kennelijk niet in staat zijn tot ware liefde. Meestal voeren ze daarvoor de volgende redenen aan:

1. We komen gewoon niet de juiste mensen tegen.
2. Degenen op wie wij vallen, leggen zich niet vast.
3. Wij vallen niet op degenen die op ons vallen (en omgekeerd).
4. Wij verdienen ook niet beter dan dit (wat te wijten is aan een lage zelfwaardering).

Dit soort problemen lossen we alleen op door onze gewoonte om anderen te laten bepalen of wij ons wel of niet vervuld voelen om te vormen tot positievere gewoonten en inzichten, die meer zelfwaardering ontwikkelen. Iedereen moet accepteren dat hij zelf verantwoordelijk is voor zijn eigen geluk. *Tarot van de ware liefde* helpt je hierbij. Wil je liefde, harmonie en succes in je leven, zie dan onder ogen dat een ander niet is te veranderen, hoe hard je het ook probeert. Wel ben jijzelf te veranderen.

Ieder succesvol mens weet wel dat het zoveel mogelijk te weten komen over de omstandigheden van je leven cruciaal is voor het nemen van goede beslissingen. Zo luidt een oud gezegde: 'Een gewaarschuwd man telt voor twee'. Als jouw tarotlezing er gunstig uitziet, weet je dat je de dingen zo kunt blijven doen zoals je ze doet. Lijkt het er niet gunstig uit te zien, dan kan tarot je manieren aanreiken om de dingen beter te laten verlopen.

Als kind al geloofde ik dat het eigenlijke doel van het leven gelukkig zijn is. Maar net als bij iedereen was dit in mijn leven lang niet altijd het geval. Op een van die momenten stelde ik Amy de vraag: 'Wat is volgens jou de gemeenschappelijke noemer van alle door de mens teweeggebracht lijden?'

Amy antwoordde zonder aarzelen: 'De verkeerde beslissingen nemen.' Wij hebben *Tarot van de ware liefde* zo gemaakt dat jij tot betere keuzes komt en daardoor je leven minder stress kent en prettiger wordt. Een van de dingen die ons allemaal afhouden van beter beslissen is niet naar onze intuïtie luisteren, terwijl die ons probeert te leiden. Hoe vaak hebben we niet gezegd: 'Ik wist wel dat ik het had (of niet had) moeten doen, maar ik negeerde mijn diepste gevoel'? Ons diepste gevoel *is* onze intuïtie en die spreekt aldoor tot ons. Er zijn tal van redenen waarom we er niet naar luisteren en de grootste is wel angst – niet alleen de angst om ernaast te zitten en van je stuk gebracht te worden, maar ook om het bij het rechte eind te hebben, waardoor ons leven zo zou kunnen veranderen dat we er geen controle meer over hebben en hem niet meer kunnen voorspellen. Dat is het punt – we *kunnen* de toekomst en vooral onze eigen toekomst voorspellen. Ik doe dit als professionele paranormale counselor voortdurend voor bedrijven. Ik gebruik mijn paranormale vermogens en dertig jaar lange ervaring van tarotlezer en astroloog heel graag om te vertellen wat er gaat gebeuren. Steevast vertel ik hun hoe de betrokkenen in een situatie zich voelen en hoe ze waarschijnlijk zullen gaan handelen en reageren. Zo konden mensen letterlijk miljoenen dollars in tijd en geld besparen. Ik heb mijn paranormale gaven ontwikkeld door drie boeken over tarot te schrijven en te gebruiken: *The Enchanted Tarot, The Instant Tarot Reader* en *The Zerner/Farber Tarot Deck*. Ik beloof je niet dat jij een goedbetaalde paranormale counselor gaat worden door onze *Tarot van de ware liefde*, maar wel dat het je intuïtie aanscherpt en jij betere beslissingen leert nemen – en misschien dat je ook paranormale vermogens ontwikkelt!

Het is prettig om op je intuïtie af te gaan. Het is niet eng en het leert jou en je dierbaren om een gelukkig, gezond leven vol liefde, licht en lachen te leiden, wat in overeenstemming is met het hoogste gebod van alle religies. Voor Amy en mij is het spiritueelste wat iemand kan doen echt begaan te zijn met de mensen om ons heen. Dit betekent met mededogen luisteren naar hun verhalen, deze volledig in ons opnemen, ervan leren wat ervan te leren valt en, als erom gevraagd wordt, vriendelijk en zonder te oordelen raad geven. Dat wij het een en ander weten, betekent niet dat er iemand naar wil luisteren.

Hetzelfde geldt voor het gebruik van *Tarot van de ware liefde*. De meeste mensen geven niet graag hun fouten toe. Zelfs aan onszelf geven we niet graag toe dat we de uitkomst van onze beslissingen en de erop gebaseerde handelingen hadden kunnen en moeten voorzien. Maar diep vanbinnen valt het moeilijk te ontkennen dat de problemen te wijten zijn aan het feit dat wij zo slecht zijn in het nemen van de juiste beslissing. Wij leren van deze lessen, maar groeien ook door zelfkennis en door beter te leren kiezen. *Tarot van de ware liefde* wil je hierbij graag helpen.

Net als over de betekenis van de ware liefde zal iedereen het eens zijn over de waarde van juist beslissen. De mysticus zou zeggen dat wij onze eigen werkelijkheid creëren en daarmee besluiten wat onze ervaring gaat bepalen. Een traditioneler religieus persoon zou zeggen dat onze beslissing om wel of niet bewust te zijn van onze eeuwige eenheid met het goddelijke bepaalt of we het lijden en de beproevingen van het leven ondergaan met een instelling van loutering en acceptatie of een van pijn en woede. De nuchtere, pragmatische zakenmens zou zeggen dat ons vermogen om te beslissen bepaalt hoe groot de controle over ons eigen leven zal worden op onze korte reis hier op aarde – hoe groter onze macht, des te beter het ons zal vergaan.

Onze huidige problemen zijn grotendeels te wijten aan de psychologische gevolgen van het feit dat te veel mensen geen weet hebben van de onscheidbare verbinding tussen ons innerlijk en uiterlijk universum. We hebben een moderne wereld van spectaculaire technologie geschapen, die in handen is van mensen zonder voeling met hun vermogen om te genieten van de simpele gift van hun bestaan. Ze zijn zo bezig met de resultaten die ze nastreven dat ze niet meer in het huidige moment weten te leven en echt zien waar ze nu, het enige moment dat werkelijk bestaat, mee bezig zijn. Ze kunnen niet genieten van wat ze hebben en zelfs al krijgen ze wat ze hebben nagestreefd, dan nog kunnen ze er niet echt blij mee zijn.

Als wij ons in het dagelijkse leven niet voortdurend door duizend en één dingen lieten afleiden, zouden wij onze innerlijke stem horen. Sommigen noemen dit de stem van ons geweten of van ons hogere zelf. Het vriendelijke ritueel van het *Tarot van de ware liefde* raadplegen, schept een oase van rust en ruimte middenin onze dagelijkse routine. Hierdoor kunnen wij ons weer verbinden met de wijsheid van wat wij diep vanbinnen allemaal weten. In staat zijn om contact te maken met onze aangeboren gaven en deze praktisch te gebruiken, was het hoogste doel van alle oude wijsheidstradities.

Tarot van de ware liefde werkt op een hart- en zielsniveau om je vragen over hoe je een liefdevolle relatie vindt, behoudt en verbetert helder en inzichtelijk te beantwoorden. Door afbeeldingen van Amy's prachtige wandkleden met applicatiewerk die we op de kaarten zien, kunnen wij het vermogen van de natuur om ons tot een ontspannen aandacht en bespiegeling te brengen, nabootsen. De schoonheid van Amy's kunst brengt onze ziel in verrukking en verkwikt onze geest door onze hoop, dromen en toekomstwensen nieuw leven in te blazen. Elke kaart heeft een titel en een kernwoord, die je direct toegang geven tot de betekenis. Of je mijn uitleg van de kaarten in *Tarot van de ware liefde* gewoon als een leuk gezelschapsspel gebruikt of in momenten van stille reflectie, er kunnen onbewuste ideeën over de liefde door naar boven komen – zowel die welke liefde aantrekken als die welke ons afhouden van de ware liefde die ons geboorterecht is. Door deze tijdloze geheimen in de praktijk toe te passen, breng je ware liefde in je leven.

Wij willen je graag bedanken voor de kans die jij ons hebt gegeven om de kostbare gave die tarot is met je te delen. Deze gave heeft ons in staat gesteld van ons leven een kunstwerk en van onze kunst een levenswerk te maken.

DE OORSPRONG VAN HET TAROT

Er is een oude grap over de typische geleerde: zet er twee in een kamer en je krijgt drie meningen. Volgens sommigen is tarot – dat reizigers uit India naar Europa brachten – begonnen met afbeeldingen op karton van diverse goden en godinnen. Aan de hand van deze plaatjes onderwees men hun goddelijke eigenschappen aan ongeletterde mensen. De reizigers kwamen aan toen Egypte in de mode was en zij het daarom gunstig achtten om als Gyptees, voorouders van de huidige zigeuners (Gypsies), bekend te staan.

Die theorie zou kunnen verklaren waarom zoveel mensen geloven dat het tarot afkomstig is uit Egypte. Maar sommigen beweren ook wel dat het tarot uit het tiende-eeuwse China stamt en weer anderen geloven in een Hebreeuwse, islamitische of Indiase oorsprong. Een ding lijkt zeker: de vroegste en meest volledige stok tarotkaarten dateert van begin vijftiende eeuw en zou voor de Graaf van Milaan vervaardigd zijn.

Egypte-voorstanders zeggen dat tarot van de woorden *tar* en *ro* stamt, wat Koninklijke Weg betekent. India-voorstanders wijzen er graag op dat *taru* kaarten betekent in het Hindi en dat *tara* de Arische naam voor de Grote moedergodin is. Zij die het tarot als een Hebreeuws cultuurproduct zien, wijzen op het woord *Torah*, hun naam voor de eerste vijf boeken van de Bijbel. Bedenk wel dat een van de gebieden waar de kaarten voor het eerst opdoken Milaan was, in Noord-Italië, waar de Tarorivier stroomt. Hm...

Menigeen gelooft dat de eerste speelkaarten evengoed een kaartspel vormden als voor waarzegging dienden. Waarschijnlijk zit dit er niet ver naast. Met het Franse woord *tares* werd de stippellijn op speelkaarten aangegeven.

Het tarot heeft in de twintigste eeuw een hele evolutie doorgemaakt. Grote kunstenaars voelden een onweerstaanbare drang om de wijsheid van de kaarten vorm te geven, toen ze niet langer voor vervolging en spotternij hoefden te vrezen. Het tarot oefende aantrekkingskracht uit op beroemde kunstenaars als de surrealist Salvador Dalí, maar ook op ten onrechte minder bekend geworden kunstenaars zoals Pamela Coleman Smith. Zij maakte onder het toeziend oog van Arthur Edward Waite de Rider-Waite-tarotkaarten, de bekendste kaarten van de twintigste eeuw. De oorsprong van het tarot alsook het oorspronkelijke doel ervan is een onderwerp waarover zelfs de grootste geleerden het maar niet eens lijken te worden.

DE GROTE ARCANA EN DE KLEINE ARCANA
~

Het tarot zou aanvankelijk heel goed uit twee aparte kaartspellen bestaan kunnen hebben: het ene spel was spiritueel georiënteerd en diende voor religieuze instructie en waarzegging, het andere voor kansspellen.

DE GROTE ARCANA vormen de eerste tweeëntwintig kaarten van het tarot, beginnend bij nul, DE DWAAS, en oplopend naar eenentwintig, DE WERELD. Ze staan voor de arcane of geheime, spirituele levensprincipes. Wij doorlopen allemaal deze reis van DE DWAAS, onschuldig en balancerend op de drempel van een grote cyclus van groei en ervaring, naar DE WERELD, onze promotie en het hoogtepunt van een belangrijke periode van ons leven. Tussen deze twee kaarten zitten de twintig andere belangrijke fasen van groei en kennis. Is eenmaal alles doorlopen, dan zijn we zover om de zoektocht van de ziel naar ervaring en zelfkennis opnieuw aan te vangen.

DE KLEINE ARCANA gaan niet zozeer over spirituele zaken, maar over onze alledaagse werkelijkheid als menselijk wezen. De kleine Arcana helpt ons de spirituele wijsheid van de grote arcana handen en voeten te geven. Hierdoor komt deze wijsheid ons op alle niveaus ten goede.

Het moderne kaartspel is ontleend aan de kleine arcana. De vier kleuren – ruiten, schoppen, harten en klaveren – komen van de vier traditionele tarotkleuren – staven, zwaarden, bekers en pentagrammen. Elke kleur heeft vier hofkaarten met een koning, koningin, prinses en prins. Deze staan voor de mensen waar jij iets mee hebt of voor een aspect van je persoonlijkheid dat op dat moment voor jou aan de orde is. In *Tarot van de ware liefde* zijn de vier kleuren: rozen, vleugelen, schelpen en edelstenen. Ze vertegenwoordigen de energie van vuur, lucht, water en aarde.

ROZEN (vuur) staan voor activiteit, energie, ambitie en sociale settings en situaties. Ze duiden ook op flirten, seks en passie in relaties.

VLEUGELEN (lucht) staan voor communicatie, ideeën en macht, in zoverre deze van invloed zijn op je relaties. Ze kunnen ook conflict, stress, gekwetste gevoelens en vrees brengen.

SCHELPEN (water) staan voor je emotionele geluk, verlangens en aandacht voor schoonheid. Ze kunnen ook op verdriet en teleurstelling duiden.

EDELSTENEN (aarde) staan voor pragmatisme, succes en de materiële zaken in het leven. Ze kunnen op financiën, werk, waarden en eigendom duiden, in zoverre deze doorwerken in je relaties.

HOE WERKT HET?

~

De beste verklaring van waarom het tarot werkt, is een oude theorie die overal ter wereld werd aangehangen en in de twintigste eeuw werd herontdekt door de legendarische psychiater Carl Jung. Zijn theorie van de synchroniciteit (van het Griekse *syn* dat 'samen' betekent en *chronos* 'tijd') stelde dat het bij gebeurtenissen die gelijktijdig plaatsvinden gaat om een betekenisvolle samenhang. Anders gezegd, wanneer je je vraag oprecht stelt en je echt antwoord wilt, krijg je een antwoord, mogelijk op allerlei manieren. Het hangt af van hoe goed je bent in het ontcijferen van de gebeurtenissen die zich om je heen afspelen op het moment van de vraag. Een zwerm vogels, wolkenformaties of het patroon van de wind in de bomen konden het antwoord in zich hebben. Het tarot is een soort heilig werktuig, uitgedacht om op je vraag te reageren en je antwoord als een beeld stil te zetten in de tijd, zodat jij het kunt ontcijferen.

Tarot van de ware liefde als hulpmiddel voor meditatie gebruiken, helpt je in dialoog te gaan met je hogere zelf. Wanneer je de kaarten raadpleegt, schept dit een veilige, spirituele haven en verbind je je met positieve energie en positieve emoties. Het helpt je ontdekken wat je echt wilt in het leven en wat jouw volgende stap op het pad moet zijn. De kaarten kunnen ook iets verhelderen of je kunt er dagelijks over mediteren. Lees de boodschap en denk na over de houding, verlangens en strategieën die je het best kunt volgen. Dit proces vraagt om een open geest en vertrouwen in je intuïtie om de antwoorden te interpreteren. Een orakel is een instrument waarmee je je paranormale vermogen aanboort. En het kan de geheimen van je hart ontsluieren.

HOE GAAT EEN LEZING

Kies een rustige plek waar je je veilig voelt en waar je niet gestoord kunt worden. Een goede voorbereiding is belangrijk voor het stellen van je vraag. Zonder goed voorbereid te zijn, kun je geen precieze leiding ontvangen en je antwoord niet juist interpreteren.

Vertrouw je hogere zelf en je zult niet teleurgesteld zijn. Probeer niet te blijven stilstaan bij het antwoord dat gaat komen. Dit stopt de stroom van het proces van antwoord krijgen.

STAP 1

Hoe stel je je vraag

~

Ervaren tarotlezers weten goed dat tarot antwoord geeft op elke oprechte vraag. De kwaliteit van het antwoord hangt af van de helderheid van de vraag en de kunde van de tarotlezer alsook van de vragensteller in het interpreteren van de boodschap die de kaart onthult.

Vraag om leiding en zeg hardop of zachtjes voor jezelf een van de volgende basisvragen:

1. Vertel me wat ik moet weten over (*mijn date, mijn relatie, mijn ontmoeting...*).
   OF
2. Geef me een boodschap door over (*deze relatie, deze vriend, mijn reis...*)

Hier zijn enkele andere voorbeeldvragen over liefde en relaties. Ze zijn zo gesteld dat ze het helderste antwoord uit *Tarot van de ware liefde* halen:

- *Vertel me wat ik moet weten over mijn liefdesleven.*
- *Vertel me wat ik nu moet weten over hoe ik mijn zielsvriend vind.*
- *Vertel me wat ik nu moet weten over wat er eigenlijk gaande is in mijn relatie met ...*
- *Vertel me wat ik nu moet weten om mijn relatie met ... te verbeteren.*
- *Vertel me wat ik nu moet weten over het wel of niet beëindigen van mijn relatie met ...*
- *Vertel me wat ik nu moet weten over ... opbellen voor een date.*
- *Vertel me wat ik nu moet weten over hoe ik in de liefde en in relaties sta.*
- *Vertel me wat ik nu moet weten om meer liefde in mijn leven te brengen.*

  OF

- *Geef me een boodschap over deze persoon met wie ik aan het daten ben.*
- *Geef me een boodschap over het weer opnieuw proberen met mijn vriendje.*
- *Geef me een boodschap over mijn poging om deze relatie te redden.*
- *Geef me een boodschap over het daten met mijn collega.*
- *Geef me een boodschap over het mijn echtgenoot duidelijk maken dat ik wil scheiden.*
- *Geef me een boodschap over het ten huwelijk vragen van mijn geliefde.*
- *Geef me een boodschap over wat ik nu het beste in gedachten kan houden om intens gelukkig en blij te zijn.*

STAP 2

Herhaal je vraag voor jezelf terwijl je de kaarten van Tarot van de ware liefde *schudt. Neem dan een kaart voor het antwoord op je vraag.*

~

Adem diep in en langzaam weer uit. Breng jezelf tot rust en zet alle andere dingen uit je hoofd. Pak de kaarten op en schud ze. Onder het schudden stel je je vraag, zachtjes voor jezelf of hardop. Terwijl je de vraag stelt, zie je de situatie waar hij mee te maken heeft voor je. Het helpt om je ogen te sluiten. Terwijl je bezig bent met schudden en met de vraag stellen, kijk je naar de situatie als naar de actie in een film, op de televisie of op het computerscherm. Deze techniek heet visualisatie en werkt heel sterk.

Gaat jouw vraag over het ontmoeten van je zielsvriend of over met een nieuw of onbekend iemand uitgaan, zie dan jezelf en die persoon voor je, maar met een vraagteken op de plaats van zijn of haar gezicht. Gaat jouw vraag over een bekende, visualiseer jezelf dan met hem/haar en zie het gezicht voor je, met een vraagteken boven zijn/haar hoofd.

Stop met kaarten schudden op een moment dat goed voelt. Ontspan. Alles gaat prima. Weet je niet wanneer je met schudden moet stoppen, schud dan zo lang als het duurt om tweemaal de vraag te stellen. Formuleer je vraag als een verzoek, in de trant van 'Vertel me wat ik moet weten over…' of 'Geef me een boodschap over…' Op die manier zullen bij het opzoeken van de kaart in het boek de raad en het antwoord voor jou hout snijden.

Hierna leg je de stok kaarten dicht en spreid je ze uit. Adem opnieuw diep in, maak jezelf rustig en visualiseer je situatie zo helder mogelijk, terwijl je een kaart pakt. Geeft het visualiseren van je situatie een onprettig gevoel, zeg dan je vraag hardop terwijl je een kaart pakt.

Sommige mensen nemen de stok kaarten gewoon af, kiezen de kaart die open ligt en laten deze het antwoord geven. Het voordeel hiervan is dat je het kunt doen onder het schudden. Je hoeft de kaarten niet neer te leggen en er zelfs niet naar te kijken, totdat je de stok hebt afgenomen en je de kaart kunt zien.

Sommigen nemen graag de bovenste kaart, anderen liever de onderste. Sommigen spreiden de geschudde kaarten uit op een vlakke ondergrond en kijken welke kaart eruit springt. Zolang je intentie sterk is en je aandacht helemaal bij het ritueel, zal het antwoord perfect bij je vraag aansluiten. Ben je ongerust of afgeleid, dan krijg je geen precieze uitspraak.

Als je kaart rechtop ligt, lees dan het antwoord in het boek dat bij 'rechtop' staat. Ligt hij ondersteboven, lees dan het antwoord bij 'ondersteboven'. Op de uitgekozen kaart staat onderaan een kernwoord. Dit is een belangrijke boodschap. Laat die tot je spreken.

BELANGRIJK: aan *Tarot van de ware liefde* kun je ja- of nee-vragen stellen. Volg gewoon de instructies, schud terwijl je aan je vraag denkt en zoek je antwoord op. Je vindt dit op de bladzijde met de kaart, bij de woorden rechtop of ondersteboven.

Natuurlijk krijgen we het liefst iedere dag alleen maar geweldig nieuws, maar soms hebben we gewoon te wachten en het leven te nemen zoals het is. Denk eraan dat we allemaal een aantal beproevingen hebben doorgemaakt, waar we over inzaten en die onverdraaglijk leken. Maar op een of andere manier kwamen we er toch doorheen. In de meeste gevallen is niets ooit zo goed of slecht als je vermoedt. Dus kop op en stel je vraag wanneer in een ontspannen en beschouwende gemoedsgesteldheid, wetend dat welk antwoord je ook krijgt je er klaar voor bent, en *Tarot van de ware liefde* zal je terzijde staan bij het omgaan met een lastige situatie.

STAP 3

Zoek de betekenis op van de kaarten

~

Voor in het boek staat een lijst waarmee je snel de bladzijde en de boodschap van de uitgekozen kaart kunt vinden. Sla vervolgens die bladzijde open en lees je antwoord. Bij het merendeel van de antwoorden zul je het gevoel krijgen dat de kaarten van *Tarot van de ware liefde* heel direct op jouw vraag slaan.

Het kan ook voorkomen dat het antwoord niet echt aansluit bij jouw vraag. Dat is een ideale gelegenheid om je intuïtie en je vermogen om de kaarten te lezen en beslissingen te nemen, te ontwikkelen. Open je geest en communiceer met je hogere zelf, de bron van je innerlijke intuïtieve stem. Hij spreekt tot je via symbolen, de taal van je dromen en je onderbewuste.

Je eerste indruk bij het zien van de afbeelding op de uitgekozen kaart kan inspirerend werken en beelden in je oproepen, die verbonden zijn met en gestuurd worden door je hogere zelf. Misschien krijg je ineens een ingeving en dringt de betekenis in een flits tot je door, terwijl hij kort daarvoor nog duister was. Veel mensen die het tarot nooit eerder bestudeerd hebben, zijn in staat om de kaarten te lezen. Zij gaan louter af op de indrukken die bij het kijken naar de afbeeldingen opkomen. Amy geeft in haar wandkleden haar unieke artistieke visie op de vele interpretaties van tarot. Zij is er op heel eigen wijze in geslaagd de essentie van de fantasie, de schone kunsten en de spirituele wijsheid van alle culturen waar het tarot oorspronkelijk uit zou zijn voortgekomen, samen te brengen.

Bij het uitleggen van je *Tarot van de ware liefde*-kaarten hoort ook een rationeel denkproces. Zie de betekenis van de uitgekozen kaart in de context van de door jou gestelde vraag. Heb je eenmaal de eerste vraag over een situatie gesteld en een uitspraak gekregen over de basiscondities ervan, dan kun je daarna met vragen komen over de timing.

Voor de helderheid is het goed om een tijdslimiet aan te geven voor je antwoord, zoals: 'Vertel me wat ik moet weten over mijn date (vandaag, morgen, deze week enzovoort)' of: 'Geef me een boodschap over hoe mijn relatie in de zomer vooruit kan gaan.'

JE INTUÏTIE ONTWIKKELEN
~

De intuïtie is net een spier. Door hem goed te oefenen wordt hij sterker. Je oefent je intuïtie het beste door hem bewust te gebruiken. Wanneer je hem leert volgen en bovenal leert vertrouwen, wordt hij almaar sterker. Iemand met een buitengewoon ontwikkelde geest noemen we een genie en iemand met een buitengewoon ontwikkelde intuïtie een paranormaal begaafd mens.

Deze twee speciale groepen mensen zijn vrij zeldzaam in onze samenleving, maar hun bestaan herinnert ons aan de kracht van onze hersenen. Geleerden lijken graag te vermelden hoe weinig wij eigenlijk gebruikmaken van onze hersencapaciteiten en van hun kracht. Een van de redenen waarom studies hierop uitkomen is volgens mij dat het bij een groot deel van de niet door ons gebruikte hersenen gaat om capaciteiten die met onze intuïtie geassocieerd worden. Tenzij je gelooft dat je deze capaciteiten bezit, hoe zou je ze anders kunnen gebruiken? Vandaar dat bij de meeste mensen de intuïtie werkzaam is in de vorm van flitsen, dat wil zeggen ingevingen, buikgevoelens, voorgevoelens of in dromen, wanneer de tirannie van onze rationele geest is uitgeschakeld en onze intuïtie vrij haar werk kan doen voor ons.

Door *Tarot van de ware liefde* te gebruiken, neem je een belangrijke en sterke stap in de richting van een volledig ontwikkelde intuïtie. Door te blijven oefenen, ga je meer vertrouwen op je intuïtie.

WAT ALS HET ANTWOORD DAT JE KRIJGT JE NIET BEVALT?

~

Wanneer de uitspraak je in verwarring brengt, keer dan naar binnen en ga na waarom dit zo is. Heb je genoeg zelfvertrouwen om te geloven dat je een heleboel uiteenlopende ervaringen aankunt? Zo niet, waarom dan niet? Het mooie van tarot is dat je bij een ongunstig antwoord om leiding kunt vragen die je helpt iets positief te veranderen. Tarot gebruiken om contact te maken met je gevoel is een van de belangrijkste toepassingen ervan.

KUN JE EEN TAROTLEZING DOEN VOOR IEMAND ANDERS?

~

Een tarotlezing doen voor je vrienden is heel erg leuk. Maar wanneer je er pas aan begint, is het doorgaans het beste om het in je eentje te doen. *Tarot van de ware liefde* is zo gemaakt dat je snel leert. En beheers je het eenmaal, begin dan met een vertrouwde vriend, het liefst iemand met een open geest. Uiteindelijk voel je je misschien vertrouwd genoeg om een lezing te doen voor wie dan ook, waar dan ook, wanneer dan ook. Tot die tijd lees en onthoud je het antwoord op het volgende onderdeel. Weldra heb je er genoeg vertrouwen in om voor iemand anders te lezen.

KUN JE EEN TAROTLEZING DOEN VOOR IEMAND DIE ER NIET BIJ IS?

~

Wacht tot je geoefend bent met *Tarot van de ware liefde* en ga pas dan een vraag stellen voor iemand die er niet bij is. Bedenk dat de meeste mensen niet begrijpen wat tarot werkelijk is – een hulpmiddel bij het nemen van beslissingen – en het boek niet bij de hand hebben. Leg iemand goed uit wat tarot is, voordat je voor hem/haar probeert te lezen. Je kunt een oningewijde nogal gemakkelijk misleiden of afschrikken als je dit advies negeert.

Vertel de ander dat de antwoorden die hij/zij krijgt alleen maar richtlijnen geven. Zijn/haar vrije wil is machtiger dan welke tarotlezing ook. Geen enkele lezing is zo goed dat hij niet ontzenuwd kan worden als het iemand niet lukt om het juiste te doen. Omgekeerd is er geen tarotlezing zo slecht dat hij niet ook te ontzenuwen is door een andere richting in te slaan en het juiste te doen. Tarot is een heel machtig instrument, maar niet machtiger dan de vragenstellers. Wij alleen zijn verantwoordelijk voor onze daden.

Als je hierop let en het aan anderen voor wie je een lezing doet doorgeeft, mag je ervan uitgaan dat de lezingen die je doet anderen zullen leiden. Je zult dan in staat zijn met een hoop plezier over jouw leven en over het leven in het algemeen van alles te leren.

Het is een enorme verantwoordelijkheid om voor iemand anders te lezen. Dit is iets waar Amy en ik eigenlijk nog meer plezier aan beleven dan lezen voor onszelf, iets wat wij dagelijks doen.

EEN VRIENDELIJKE HERINNERING
~

Denk eraan dat het antwoord dat je krijgt jouw antwoord op jouw vraag is en van niemand anders. Als je ooit zin hebt om je *Tarot van de ware liefde* met anderen erbij te gebruiken, zul je wel merken hoe vaak hetzelfde antwoord, afhankelijk van de lezer, steeds iets anders betekent. Soms zal iedereen behalve degene die de vraag stelde het antwoord begrijpen. Het is duidelijk dat die persoon niet wil zien wat voor alle anderen zonneklaar is. Wees net zo vriendelijk voor hem/haar als jijzelf in zo'n situatie behandeld zou willen worden. Mensen die vragen stellen over liefde zijn heel kwetsbaar. Iedereen die jij genoeg vertrouwt om mee te doen aan een sessie *Tarot van de ware liefde*, dient deze kwetsbaarheid te respecteren met geduld en met het vertrouwen dat ons iets begint te dagen wanneer we daar klaar voor zijn. Sneller gaan dan we aankunnen, daar heeft niemand wat aan.

Ten slotte, *Tarot van de ware liefde* geeft antwoorden op je vragen over liefde en relaties, maar gaat het over antwoorden die ons lot zijn? Hoe zit het met de vrije wil?

Als er een ding voor mij zeker is in deze wereld, dan wel dat onze *vrije wil sterker is dan wat ook*. Als het antwoord dat je krijgt je niet aanstaat of je bent het er niet mee eens, het druist in tegen wat je ten diepste voor waar houdt, accepteer dan de uitdaging om je lot te veranderen. Ik zeg niet dat dit gemakkelijk zal zijn. Ik zeg dat het kan.

Vraag *Tarot van de ware liefde* wat je zou kunnen doen om met succes in te grijpen in hoe je liefdesleven verloopt. De kaarten zullen je graag bijstaan als jij je best doet om hun advies dagelijks in praktijk te brengen. Alleen maar antwoord krijgen, brengt geen ware liefde in je leven. Handelen in de geest van de antwoorden gaat daar vrijwel zeker wel voor zorgen.

DE
GROTE ARCANA

0. DWAAS
VERTROUWEN

RECHTOP: Ja! Heb plezier!
Je bent gezegend! De DWAAS rechtop betekent dat alles voor jou nu mogelijk is. Gebeden worden verhoord. De dwaas betekent vrij zijn van angst, dus kop op, er staat je een nieuw avontuur te wachten! Zelfs een bestaande relatie leeft op wanneer de dwaas verschijnt.

Het kleurige pak dat de DWAAS aanheeft staat symbool voor persoonlijke vrijheid, dus wees jezelf en niet bang om anders te zijn. Vertrouw erop dat jij het verdient om van het geschenk van je leven te genieten – een andere eigenschap van de dwaas – en deel dit met een ander. Tijd om plezier te hebben met een opvallend positief iemand, een levensgenieter met humor – zelfs al is er leeftijdsverschil tussen jullie – en als jij ook leuk bent, des te beter! Zeg geen nee op een uitnodiging die te frivool lijkt of 'jong' voor jouw leeftijd.

De DWAAS spreekt altijd de waarheid en geeft aan dat je die van anderen te horen krijgt. Er staat je een geweldige relatie te wachten, als je het verleden achter je laat en het zuivere, onschuldige kind bent dat je was. Vergeet het verleden. Beleef het huidige moment ten volle.

Waardeer iedereen en alles om het wonder dat het leven is. Misschien kom je een beetje gek, naïef of al te optimistisch over, maar wat zou dat. Vertrouw in een hogere macht die jou en je relatie leidt en beschermt. Waag iets, heb plezier en kijk wat er gebeurt.

ONDERSTEBOVEN: Nee, wees niet dwaas!
Je hoeft mensen niet te behagen om ware liefde te vinden – wees jezelf! Gedraag je niet dwaas, roddel niet, laat je niet voor de gek houden. Praat met iemand die je vertrouwt om erachter te komen of je iets moet doen aan je presentatie. Hoe je op anderen overkomt, zou weleens heel anders kunnen zijn dan wat jij graag wilt. Jij of je partner kunnen jonger zijn of lijken dan je bent, maar in beide gevallen werkt het tegen je.

Je bent misschien gefrustreerd over een ander of houdt jezelf voor de gek wat een probleem in je relatie betreft. Misschien heb je iets met of voel je je aangetrokken tot iemand die voor jou verkeerd is. Het kan zijn dat je toekomstverwachtingen over je relatie onrealistisch zijn. De ander heeft er misschien een totaal ander beeld van.

Je hunkert wellicht naar vrijheid, avontuur of een frisse nieuwe periode in je liefdesleven, maar tenzij je iets met de belangrijke kwesties die spelen doet, zul je dezelfde dingen blijven tegenkomen in verschillende relaties. Lol en spelletjes kunnen het nemen van goede beslissingen niet vervangen. Zet alles eens op een rijtje. Voor een geweldige relatie moet je hard werken. Misschien moet je maar eens aan de slag.

Wees minder impulsief en wat kritischer. Geloof de dingen niet te gemakkelijk. Vertrouw je hoofd, niet je hart. Je zult nooit ware liefde ervaren bij iemand die te hard, egoïstisch, oordelend is of die geen gevoel voor humor heeft.

1. MAGIËR
ENERGIE

RECHTOP: Ja! Er zit magie in de lucht!
Er kunnen wonderen gebeuren! Op de kaart van de magiër zien we hem macht uitstralen terwijl hij de zon in de hemel zet, een melodie speelt en met een vogel meezingt. De MAGIËR rechtop betekent dat er een sterke, betoverende partner in je leven aan staat te komen. Hij zou weleens 'die ene' kunnen zijn. In een bestaande relatie weet je een nieuwe en bijzondere magie te creëren.

Tijd voor het verrichten van wonderen, door de wereld naar je hand te zetten en niet passief te gaan zitten afwachten. Het komt nu aan op vertrouwen en de bereidheid je nek uit te steken voor de liefde.

Er komt een magisch moment, je kijkt in de ogen van je geliefde en jullie zijn stapelverliefd en totaal opgewonden. Het lukt jullie om een relatie te creëren waarin je je allebei gestimuleerd voelt en alles wat de ander zegt je interesseert.

Misschien dat jij om je verlangens te verwezenlijken persoonlijk de dingen wat moet manipuleren door de eerste stap te wagen. Heb de moed te geloven dat je een magische ziel bent. Ben je alleen, boor dan de oneindige energie van de kosmos aan door visualisatie – gebruik deze krachtige methode om de relatie die je zoekt voor je te zien. Adem een paar keer diep. Neem elke dag de tijd om je dromen, je hoop op en je hunkering naar ware liefde te affirmeren.

ONDERSTEBOVEN: Nee, niet forceren!
Enige zorg over of er wel magie zit in deze relatie, is zeker gerechtvaardigd. Als je op zoek bent naar een relatie kan het zijn dat jij je niet graag bindt of liever niet laat zien geïnteresseerd te zijn, uit angst voor afwijzing. Er kan een hoop twijfel opkomen door vorige relaties die niet werkten. Passiviteit, twijfel en gebrek aan zelfvertrouwen kunnen je er ook van weerhouden de eerste stap te nemen. Allebei de betrokkenen hebben meer geruststelling nodig van de ander dat er sprake is van wederzijdse genegenheid, voordat de magie van vertrouwen ware liefde kan brengen.

Misschien kom je niet zo gemakkelijk voor jezelf op of neem je niet zo gauw het initiatief naar iemand tot wie je je aangetrokken voelt. Misschien moet je onder ogen zien dat, al probeer je het nog zo hard, de dingen niet te sturen zijn. Of je ontdekt dat je de energie of middelen niet hebt om je situatie nu in je voordeel op te lossen. Of iemand anders probeert jou juist naar zijn/haar pijpen te laten dansen. Dit wijst erop dat hoewel die persoon sterk wil overkomen, hij eigenlijk zwak is en bang dat iemand die zwakte ontdekt.

Werk aan je besluit om positief te blijven, ook al ben je treurig of voel je je afgewezen. Verwelkom nieuwe kansen in plaats van je terug te trekken en een ongezond zelfbeeld te creëren waar iedereen, en niet alleen een geliefde, op afknapt.

2. HOGEPRIESTERES
INTUÏTIE

RECHTOP: Ja! Je voorgevoel klopt!
De kroon die de HOGEPRIESTERES draagt symboliseert een vrouw met wonderlijke vermogens. Dus ofwel jij zult die persoon zijn in je zoektocht naar liefde, ofwel je komt zo iemand in een of andere vorm tegen. In beide gevallen zullen je liefdesleven en relaties er zo wonderbaarlijk op vooruitgaan dat de zegen van een hogere macht erop lijkt te rusten.

De HOGEPRIESTERES nodigt ons uit om de alledaagse wonderen die we voor lief nemen te zien en te waarderen, vooral het wonder van de vrouwelijke wijsheid en macht. Wanneer zij verschijnt als antwoord op een relatievraag, luister dan naar je intuïtie zonder iets speciaals te willen horen.

De beste manier om de situatie waarnaar je gevraagd hebt te verbeteren is door de macht van de verbeelding, het gebed en het inzicht dat wat jij wilt juist en goed is voor jou en je partner, als je die hebt. Ontspan, stop met forceren en laat de liefde naar je toekomen.

Richt je op dingen die je inspireren of waar je kippenvel van krijgt en niet op normale, afgezaagde dingen. Iets wat raakt kan zo simpel en mooi zijn als kindergelach of de fratsen van je lievelingsdier. Het kan zo diep en onuitsprekelijk zijn als je gevoel over de menselijke natuur, religie, de kosmos en je plaats daarin. Voel je je geïnspireerd, dan ben je ook inspirerend. Dit is een van de alleraantrekkelijkste kwaliteiten.

ONDERSTEBOVEN: Nee, je bent aan je intuïtie voorbijgegaan.
De HOGEPRIESTERES ondersteboven balanceert op haar kroon, behoedzaam, los van de aarde met haar pragmatisme en haar ratio. De intuïtie is een machtig instrument, maar net als ware liefde werkt dit alleen wanneer je vergevend en niet kwaad bent; geïnspireerd en niet in een roes; vol respect voor het onbekende, niet bang. Enkel op je intuïtie afgaan en afhankelijk zijn van hulpmiddelen die haar versterken, zoals *Tarot van de ware liefde*, is net zo schadelijk als helemaal niet bij haar te rade gaan. Jij geeft de kaarten hun macht en niet andersom. Mogelijk hebben jij en je partner geen respect voor intuïtie en religie of voor metafysische zaken als tarot, astrologie en paranormale verschijnselen.

In beide gevallen moeten jij en/of je partner eens nodig naar je houding ten opzichte van vrouwen kijken – met name sterke vrouwen (die met mystieke of spirituele macht inbegrepen). Sta niet toe dat je partner geen respect toont voor jou en/of je domineert, omdat 'vrouwen dat niet (of wel) horen te doen'. En laat dit soort denken vooral je eigen geest niet vergiftigen, waardoor de HOGEPRIESTERES binnen in jou wordt belet je leven spirituele kracht te geven.

Omgekeerd onderschat jij wellicht de rol van mannen en het mannelijke principe. Er zijn heel wat goede mannen die zichzelf proberen te verbeteren en de ware macht bereiken die samengaat met de beheersing van onze impulsen. De mannen en vrouwen waarmee wij relaties aangaan, laten zien in hoeverre wij op ons gemak zijn met de mannelijke en vrouwelijke kant van onze persoonlijkheid.

3. KEIZERIN
CREATIVITEIT

RECHTOP: Ja! Het is iets moois!
De KEIZERIN wandelt in haar wondertuin met haar geliefde dochter achter zich aan, die van haar leert hoe het toegaat aan het hof en hoe de bevolking op de meest welgezinde wijze bestuurd kan worden onder het gezag van hun familie. Rechtop betekent deze kaart vruchtbaarheid, politieke banden en materiële welvaart, afkomstig van de rijkdommen van land, water en lucht. De keizerin duidt op een persoon die aantrekkelijk en creatief is. Wees blij! Er zit vooruitgang in je liefdesleven, alsof een groot kunstenaar er de hand in heeft.

In je zoektocht naar liefde ga je iemand ontmoeten met enkele of alle genoemde eigenschappen of met die welke hieronder besproken worden. Het kan ook zijn dat jij ze zelf zult hebben. Als jij het bent die de KEIZERIN nastreeft, moet je iets laten ontstaan wat er niet eerder is geweest. De KEIZERIN symboliseert moeder natuur die geboorte geeft aan de natuurlijke wereld van liefde, vrede en schoonheid. Ging je vraag over een kind krijgen, dan is het antwoord heel gunstig. Neem om er zeker van te zijn een tweede kaart. Is het de schelpenprinses, dan luidt het antwoord vrijwel zeker ja.

Kunst maken of iets uitvinden staat gelijk aan een kind baren, dus je zou best een kunstenaar of vernieuwer tegen kunnen komen. Je liefdesleven en relaties kunnen baat hebben bij het verfraaien van je uiterlijk en/of je huis, binnen of buiten, op een manier die je normaal te duur of te luxe vindt. Koop bloemen voor jezelf en verwacht een mooi boeket of cadeau te krijgen.

ONDERSTEBOVEN: Misschien, als je creatief wordt.
Door haar kostbare gewaad lukt het de KEIZERIN ondersteboven niet haar handen te gebruiken en zo haar evenwicht te hervinden en haar dochter te helpen. Dit duidt erop dat in je liefdesleven en relaties een te grote nadruk zou kunnen liggen op buitenkant, rijkdom en status.

Het kan zijn dat de pogingen om een mooie en gezonde relatie te creëren niet worden erkend en/of niet het gewenste opleveren. Een koesterend, creatief en getalenteerd mens kan gekwetst raken omdat hij gevoelig is. Je rekent erop dat iemand je helpt, maar die persoon heeft misschien een andere agenda.

Deze kaart ondersteboven kan duiden op het niet geven van liefde, mogelijk door een moederproblematiek. Of het moederschap slokt je nu totaal op en laat weinig tijd voor romantische avonturen.

Verlang je naar de geboorte van een nieuw kind of een creatief project, wacht dan tot je genoeg tijd en middelen hebt om er helemaal voor te gaan. Of, er kunnen problemen zijn die met je houding tegenover kinderen krijgen of met vroegere ervaringen rondom vruchtbaarheid te maken hebben. In zeldzame gevallen kan deze kaart duiden op problemen die jouw kind en/of dat van een partner veroorzaakt – en die de relatie, het welzijn en/of de geldmiddelen beperken.

De meest waarschijnlijke betekenis van de KEIZERIN ondersteboven is dat omstandigheden je ervan kunnen weerhouden om iets aan je uiterlijk te doen – weersta die aanval van koopwoede! – of om je huis te verfraaien. Of misschien raak je gefrustreerd wanneer het niet lukt om al je creatieve ideeën om de ware liefde te vinden en te behouden uit te voeren.

4. KEIZER
MACHT

RECHTOP: Ja!
De KEIZER laat zijn zoon een vroeger slagveld zien, waar hij de vier koningen versloeg die nu zijn loyale afgevaardigden zijn. Ze dragen allebei de helft van een schild, een symbool van het verlangen naar vrede die alle grote heersers kenmerkt, maar wapens dragen zij ook, voor het geval dat.

Twijfel er niet aan dat je de ware liefde in je leven gaat bereiken – de KEIZER beveelt het en hij is de baas der bazen! Verwacht in je zoektocht naar liefde iemand te ontmoeten, of zelf te zijn, die enkele of alle eigenschappen van de KEIZER bezit: gezag, sterkte, woede uit nobele motieven, trots en vertrouwen in een echt resultaat. Het zal gepaard gaan met een grote verbetering van je status en misschien zelfs met een groeiende rijkdom.

Een relatiekans kan zich voordoen in de vorm van een gezaghebbend figuur, misschien een leidinggevende op je werk of iemand die van invloed is op je loopbaan. Het zou ook kunnen gaan over een ouder persoon, misschien zelfs een soort leerling-meester situatie. In elk geval kan er een team geformeerd worden dat kracht, motivatie en succes in huis heeft.

Zit je in een relatie, dan gaan jij en/of je partner elkaars kracht respecteren en zijn in staat om middelen en connecties te bundelen om er iets groots van te maken. Wees ervan bewust dat vertoon van kracht voor een sterke fysieke aantrekkingskracht zorgt en/of leidt tot opwindende, sexy ontmoetingen. Is dit het geval, neem dan de leiding en accepteer geen neen.

ONDERSTEBOVEN: Nee.
De KEIZER ondersteboven laat zien dat hij en zijn zoon onmogelijke platvoeten hebben. Dit symboliseert dat door de lijn met de tenen aan te raken – wat gezag doen moet om de macht te handhaven – zij iets van hun humaniteit verliezen.

Jij en/of je partner eisen dat je wordt erkend als een sterk imponerend figuur met een onbetwistbare reputatie of autoriteit, maar het werkt tegen je. Als je je voelt aangetrokken tot, of al iets hebt met een partner die dominant is of heel uitgesproken in zijn meningen, geef dan zelf niet te veel macht uit handen. Ware liefde vereist dat geen van de betrokkenen steeds aan de touwtjes trekt.

Jij of anders iemand die je graag mag kan emotioneel afstandelijk zijn of weglopen voor intimiteit en binding. Heb je grote behoefte aan goedkeuring en genegenheid, dan heb je die misschien te weinig gekregen van een ouder of een andere autoriteitsfiguur. Daarom voel je je aangetrokken tot oudere mensen met macht en geld en die iets bereikt hebben. Pas wel op dat zij hun ervaring niet gebruiken om van jou te profiteren. Je kunt in de verleiding komen om je zoektocht naar ware liefde te sublimeren in je streven om vooruit te komen in je carrière, naar geld en status.

De KEIZER ondersteboven waarschuwt om je aandacht volledig te richten op je doel of je loopt een kans mis. Houd jezelf niet voor de gek. Als je te rationeel probeert te zijn, wordt het lastig om je gevoelens te uiten. Word je bewust van je diepe verlangens of emoties, maar onthul je geheime plannen, gevoelens of zwakten niet.

5. HIËROFANT
TRADITIE

RECHTOP: Misschien, als je het boekje volgt.

De HIËROFANT geeft uitleg over geheime kennis en heilige mysteries uit de vroegste tijden van de mensheid. Op deze kaart zien we de machtige sjamaan, die nadenkt over een stenen sculptuur van een wijze uit het verre verleden van zijn stam, terwijl hij ondertussen met een geheime formule zijn slapende geliefde wekt.

Je ontmoet een wijze leraar of moet er zelf een worden. Een spirituele beoefening zoals meditatie, affirmatie of tarot kan jou leiden op het pad naar ware liefde. Dat pad kan een huwelijk zijn, want de HIËROFANT zegent getrouwde paren en herenigt ook verloren liefdes, maar alleen als je het boekje volgt.

Als je naar liefde op zoek bent, presenteer jezelf dan als een representant van het beste dat je cultuur te bieden heeft. Je valt het meest in het oog door de gangbare stijl, manieren en methoden zo goed te gebruiken dat je indruk maakt en een geweldige minnaar aantrekt. Probeer mogelijke partners niet te imponeren met hoe wild en onvoorspelbaar je wel niet kunt zijn. Laat je niet in met een onaangepast persoon.

Zit je in een relatie, zorg dan voor rust, neem de directe weg en wees de wijze, serene leraar. Het komt er nu op aan behoudend en traditioneel te zijn. Je moet duidelijke grenzen trekken en duidelijke rollen spelen. Speel op safe, gedraag je volwassen en houd je beste beentje voor. In dat geval zullen je vrienden en familie van jou en je partner houden.

ONDERSTEBOVEN: Nee.

De HIËROFANT ondersteboven lijkt zich in de foetushouding op te rollen, wat symbool staat voor een terugkeer naar kinderlijke onveiligheid en een onacceptabel uitleven van gevoelens. Dit gebeurt wanneer gevestigde regels, sociale zeden en andere middelen die het volwassen, beschaafde gedrag kenmerken, worden vergeten of genegeerd.

Word volwassen! Als je liefde wilt vinden, kunnen kinderlijke fantasieën tegen je werken. Of je presenteert jezelf misschien als te oud, te behoudend of te traditioneel om je favoriete type aan te trekken. Steeds maar alles volgens het boekje doen, perkt de dingen te veel in en kan saai zijn. Het weer aanmaken met iemand uit je verleden wordt hier niet aangegeven.

Het verschil tussen jou en een ander zou weleens onoverbrugbaar kunnen zijn. Of een van jullie beide nu probeert de ander te dwingen om zich naar zijn/haar regels te voegen of te verzetten tegen oude tradities, de dominante persoon zal niet geliefd zijn, vooral niet bij gerespecteerde familieleden.

Niemand zou zo graag alles volgens het boekje moeten willen doen, dat hij/zij weigert om open te staan voor andere visies of overtuigingen. Niet flexibel zijn, vooral ten aanzien van geloof of politiek, geeft geruzie en daar worden relaties ongezond van. Regels, bepalingen en wetten geven nu ook problemen in je relaties. Pas op met een grote stap of andere ingrepen in leefstijl of ethiek. Let op ongewoon gedrag – spirituele beoefening inbegrepen – dat stress geeft in je relaties. Jij hebt de raad, troost of steun die je liefdesleven op dit moment nodig heeft niet in huis, of ze kunnen niet aan jou worden geboden nu, behalve dan door je *Tarot van de ware liefde* natuurlijk!

6. GELIEFDEN
AANTREKKING

RECHTOP: Misschien, maak een wijze keuze.
Op de kaart van de GELIEFDEN zien we een edelman een eenvoudig meisje kussen dat voor hem werkt. Zal hij voor de liefde kiezen of voor wat er gezien zijn status van hem verwacht wordt? Zal zij zichzelf aan hem geven of weglopen voor een onmogelijke liefde?

Is de liefde die je zoekt een droom of realiteit? Weldra zal iemand jou het gevoel geven compleet te zijn, iemand die naar jouw gevoel je devotie en kameraadschap waard is. Er lijkt echt sprake te zijn van liefde, genegenheid, romantiek en van een bevredigende relatie.

Probeer te voelen wat voor jou echt aantrekkelijk is. Je moet een wijze keuze maken tussen twee of meer even aanlokkelijke dingen. Je moet kiezen tussen wat je hebt en wat je denkt graag te willen en wellicht ook daadwerkelijk kan gaan hebben. Misschien moet je kiezen tussen twee mensen, tussen liefde en lust of tussen twee mogelijke partners.

Weet wel dat iemand anders zich net zo voelt als jij – verliefd! Als je je zit af te vragen of je iets met die ene persoon zult beginnen, ga er dan voor. Je avances zullen beantwoord worden. Misschien denk je aan een huwelijk en aan binding, maar deze kaart gaat over liefdesaffaires en romantiek – loop niet te hard van stapel! De kaart van de GELIEFDEN laat zien dat de energie van een eerlijke en duurzame relatie overal om je heen is. Wees een dappere, waarachtige geliefde en laat je leiden door je gelukzaligheid, want de GELIEFDEN rechtop betekent dat je een wijze keuze zult maken of hebt gemaakt.

ONDERSTEBOVEN: Misschien, maak een wijze keuze.
De GELIEFDEN ondersteboven duidt erop dat je weleens een onverstandige keuze zou kunnen maken. Of je hebt al gekozen tussen twee of meer mensen of even aanlokkelijke dingen of plannen – tussen wat je hebt en wat je denkt graag te willen hebben. Bedenk dat je alleen een wijze keuze maakt als je tevreden bent met wie en wat je nu bent.

Een slechte beslissing nemen is de oorzaak van veel pijn. Binnenkort moet je een pijnlijke beslissing nemen, die waarschijnlijk met een verboden liefdesaffaire te maken heeft. De verleiding is misschien moeilijk te weerstaan en iemand zou gekwetst kunnen worden. Het kan zijn dat iemand niet de keuze maakt die jij graag wilt. Alleen met je eigen bevrediging bezig zijn, blokkeert de ware liefde. Hetzelfde geldt voor puberale bevliegingen of iemand als een object of bezit zien.

Let erop dat je misschien aan het fantaseren bent. Onzekerheid, jaloezie, twijfel en kritiek kunnen ontstaan door angst, vooral bindingsangst. Of je voelt misschien dat de dingen niet gelijk opgaan, bijvoorbeeld dat jouw liefde echter is dan die van je partner en/of dat jullie in je relatie niet meer naar een gemeenschappelijk doel toe groeien. Een van jullie eist misschien meer dan de ander kan of bereid is te geven.

Je kunt zo bang zijn voor een foute keuze dat je te lang wacht en/of iemand van je wegjaagt die echt om je geeft. Gemengde gevoelens volop, omdat vorige relaties het jou moeilijk maken om nog te geloven dat de ware liefde voor iemand, en zeker voor jou, is weggelegd.

7. ZEGEWAGEN
VASTBERADENHEID

RECHTOP: Ja, ga ervoor!
De ZEGEWAGEN, met zijn schrijlings op Pegasus zittende heroïsche figuur, symboliseert dat het tijd is om alles wat je aan kracht in huis hebt in te zetten voor de ware liefde, zelfs al moet je ervoor vliegen. Richt je nu totaal op je liefdesleven en relaties, want er zijn grote verbeteringen mogelijk op onvoorziene manieren.

Laat jezelf niet afleiden of op een zijspoor zetten – neem deel aan de race en win. Denk niet dat er binnenkort nog wel een betere tijd zal komen. Aarzel en je verliest.

Jij moet nu de chauffeur zijn van de situatie of van een concreet transportmiddel. Als het bij jou om een reis gaat en jij rijdt geen auto, fiets, ski's, rolschaatsen of kan niet skateboarden, neem dan lessen of maak de tocht op een andere manier. Het is nu de tijd niet om stil te staan. Kom in beweging en doe het nu!

Je moet sterk zijn om de ongemakken die op je afkomen aan te kunnen, dus warm jezelf op en ga hard trainen. Door je wilskracht, zelfbeheersing en zelfvertrouwen op te krikken zul je winnen.

ONDERSTEBOVEN: Nee, niet forceren.
Misschien zit je in een race die niet te winnen is of ben je zo uitsluitend gericht op de ware liefde dat je iets belangrijks over het hoofd ziet en de weg kwijtraakt. Een povere planning en voorbereiding kunnen leiden tot een actie of dadenloosheid die verwarring, onbegrip en pijn veroorzaken. Gebrek aan middelen en/of ongevoeligheid voor je situatie zitten de gewenste resultaten in de weg.

Wrok kan zelfs de beste relatie verpesten. Laat je door niemand belazeren. Door timide te zijn, gaat een geliefde zich ongemakkelijk voelen. Ben je al te beleefd of verlegen, sla dan een brug en zorg dat je eroverheen komt! Laat je geest en hart spreken of je loopt de ware liefde mis.

Afstand, richting en/of vervoers- en reisaangelegenheden kunnen onneembare hindernissen zijn. Of misschien voel je dat je liefdesleven nergens heengaat.

De gezondheid of fitheid van een van jullie beide kan problemen geven. Een van jullie zou weleens niet genoeg door kunnen hebben hoe belangrijk het fysieke, emotionele of geestelijke niveau van een relatie voor de ander is. Je moet je schikken of de consequenties dragen, zelfs al ben je uitgeput.

Manipulatie of wedijver kan jou blokkeren. Ware liefde gaat niet over winnen en verliezen. Je zou de motieven of signalen van de ander weleens verkeerd uit kunnen leggen. Misschien ben je doodsbenauwd om iets te doen wat je later betreurt. Omgekeerd zul je er spijt van hebben als jij en/of je partner te hard gaat of te snel opschiet.

8. KRACHT
BEGRIP

RECHTOP: Ja!
De dame en de tijger! Wanneer je KRACHT rechtop belichaamt, ligt alles binnen je bereik! We zien het symbool van oneindigheid boven het hoofd van de vrouw, dat zich aftekent tegen de emotionele maan. De maan zelf zit achter een door mensenhand gemaakte zuil en een sterke, in mist gehulde boom. Dit geeft aan dat je situatie de zegen heeft van oneindige wijsheid en dat jij de kracht en positieve energie zult hebben om binnenkort een fantastische relatie aan te gaan. De sleutel tot een relatie met de ware liefde is zo aan jezelf te werken dat je ware kracht ontwikkelt – spiritueel, mentaal, emotioneel en fysiek. Je moet je menselijke, dierlijke en goddelijke aspecten in evenwicht brengen. Alleen door die kwaliteiten te ontwikkelen, herken je ze in anderen en worden ze omgekeerd door hen in jou herkend.

Weldra weet je wat heldhaftigheid is, wanneer een dierbaar iemand zich dapper betoont of omdat jijzelf iemand in nood hulp biedt. Een goede geliefde zijn betekent ook een goede vriend zijn en de ups en downs van het leven samen delen met geduldige aandacht en zorg voor elkaars welzijn. Samen door zware tijden heengaan, kan een relatie sterker maken.

Als je elkaars wonden en zwakten accepteert, krijg je een sterke relatie die berust op loyaliteit en geruststelling. Toon mededogen en begrip om uiting te geven aan jezelf, geen dwang, woede of brute kracht.

ONDERSTEBOVEN: Nee, het is te slopend.
Dierlijke instincten kunnen het winnen van spirituele intenties. De macht van de liefde triomfeert niet altijd over dwang, onderdrukking en extremisme. Geloof wordt misschien op de proef gesteld of verzwakt. Het kan ook zijn dat het gewenste resultaat uitblijft. Misschien neig je ertoe de zwakten van een ander uit te buiten – te domineren, te controleren en uit andermans kwetsbaarheid een slaatje te slaan. Pas op dat je geen lafheid op je pad treft of deze zelf tentoonspreidt. Laat je niet door angst afhouden om het juiste te doen.

Als iemand jouw zelfexpressie of creativiteit doodt, is de band tussen jullie er niet een van ware liefde. Zij die echte kracht bezitten, ontlenen die aan trouw zijn aan zichzelf en aan de macht van de ware liefde, niet aan mensen manipuleren. Arrogant gedrag kan erop duiden dat de gevoelens van de partner in de ogen van de ander onbelangrijk zijn. Ben je verwikkeld in een machtsstrijd, onderneem dan stappen om een positievere kant op te gaan. Bescherm jezelf en je belangen.

Laat je kracht niet weglekken door eenzaamheid en wanhoop. Als je je afhankelijk voelt van een ander om materiële redenen of voor bescherming, kan dit tot wrok en een gebrek aan ware liefde leiden. Trouw blijven aan een lege relatie, dat gaat niet.

Speel niet het slachtoffer, maar tolereer geen enkel misbruik of krenking. Als er kinderen bij betrokken zijn, die kunnen ook vreselijk lijden onder dit gestoorde gedrag. Kijk uit. Mensen die zich zwak en radeloos voelen, misbruiken anderen en wanhopige mensen doen wanhopige dingen!

9. KLUIZENAAR
INTROSPECTIE

RECHTOP: Ja, als je het op je eigen manier doet.
De KLUIZENAAR lijkt op een solitaire, sociaal ongeziene, verstrooide professor die nooit meedoet maar vanaf de zijlijn toekijkt en observeert. Of hij een stap naar de maatschappij toe doet om zijn wijze leiding aan een paar uitverkorenen aan te bieden of juist een stap terugzet, de KLUIZENAAR loopt alleen en gaat gemakkelijker om met zijn dierbare vogel dan met zijn medemensen – die hem doorgaans verraden.

Het beste voor je liefdesleven is nu om trouw te zijn aan jezelf en je eigen pad. Als je uitgaat, verkeer dan met mensen die jou begrijpen en gewoon mogen zoals je bent. Zijn deze mensen niet in je buurt, ga dan in je eentje uit of blijf thuis, alleen, met een speciaal iemand of iemand waarvan jij weet dat hij je niet tegenvalt. Een onmiskenbaar teken van ware liefde is of je allebei waar dan ook graag samen bent en elkaar graag van het leven ziet genieten.

De KLUIZENAAR duidt op een eenling, niet op een gezelligheidsmens. Ben jij de KLUIZENAAR, dan moet je volwassen handelen of, ideaal gesproken, de ware kracht van een meester tentoonspreiden. Het valt niet mee om de kluizenaar te ontmoeten. Hij/zij kan een onaangepaste excentriekeling zijn, maar evengoed een genie, moe van het onbegrepen zijn door middelmatiger mensen. Als je tegen iemand aanloopt met de goede eigenschappen van de KLUIZENAAR, wees dan jezelf! De KLUIZENAAR doorziet een onecht iemand al vanaf een kilometer afstand!

ONDERSTEBOVEN: Misschien, maar wel met hulp.
Je zult geen ware liefde vinden, tenzij je je meer inspant om tegemoet te komen aan de behoeften van anderen. Je mag je nog zo onbegrepen voelen, maar handel niet alsof het een verspilling van tijd en energie is om jezelf te verklaren of verdedigen tegenover mensen die het toch niet waard zijn met jou om te gaan.

Doe niet alles in je eentje. Buiten de gewone paden blijven of je afgezonderd voelen, werkt tegen je. Het leidt tot onverstandige daden en maakt je onbemind. Door je niet open te stellen voor anderen, gaan de liefde en hulp die je nodig hebt aan je voorbij.

De KLUIZENAAR ondersteboven betekent dat er vraagtekens worden gezet bij je pogingen om elk pad dat voor jou belangrijk is te volgen. Misschien raak je zonder wijze raad in je eigen net verstrikt. Je wilt wellicht een bepaalde leraar, bepaalde colleges volgen, of aan een project werken waar totale concentratie voor nodig is, maar dit kan moeilijk worden voor je.

Leeftijd of excentriciteit kunnen een probleem zijn. Een ouder iemand of een excentriekeling laat jou misschien vallen. Er wordt iemand verliefd op een vriend of een counselor met een totaal andere kijk op de relatie. Daar kunnen dwaze of onvolwassen acties van komen.

Je bent wellicht niet in staat om je situatie precies in te schatten, dus trek geen voorbarige conclusies – positieve of negatieve – over iemands gedrag, ideeën of trekjes. Vergeetachtigheid, kilheid of zelfs hardvochtige gevoelens kunnen onder de oppervlakte liggen. Neem tijd om alleen te zijn en leg je situatie onder de loep voor je iets onderneemt.

10. RAD VAN FORTUIN
GELUK

RECHTOP: Misschien, waag een kans.
Het RAD VAN FORTUIN is gewenteld en je geluksgetal is tevoorschijn gekomen. Goed geluk is het samenkomen van voorbereiding, kans en vaardigheid, dus als je klaar bent voor de liefde en betere relaties ben je zoveel beter af. Maar ook al heb je je er niet op ingesteld, het rad van fortuin geeft aan dat het je meezit en wel zoals je nooit had kunnen dromen. Je zit in een opgaande spiraal, dus geniet ervan zolang het duurt.

Als je naar liefde zoekt, wees dan positief en optimistisch. Laat nog geen spoortje negativiteit in je gedachten toe. Je vindt misschien liefde door naar plekken te gaan waar volop gesport, gegokt en plezier gemaakt wordt. Elke plek met een opvallende cirkel, in de naam of in de architectuur, zou ook voor jou kunnen werken. Het kan het reuzenrad op de kermis of zelfs een cruiseschip met zijn ronde patrijspoorten zijn!

Je nieuwe partner kan ook een gokker of 'investeerder' zijn – een sociaal meer geaccepteerde naam voor een beroepsgokker – of anders bezig met games, sporten of fietsen, zowel die welke jij beoefent als die welke jij berijdt. Dit wijst op een brede waaier van activiteiten, die te maken kunnen hebben met marketing, de bouw, onderhoud of zelfs racevoertuigen.

Heb je een relatie, dan zijn de goede tijden weergekeerd! Neem om je geluk op te starten vakantie en ga naar een plek die bekend staat om een of enkele van de bovengenoemde leuke dingen. Misschien wil je wel je geluk beproeven door mee te doen aan een spelprogramma!

ONDERSTEBOVEN: Misschien, maar reken er niet op.
De kansen liggen slecht, dus loop geen onnodige risico's. Als je niet goed bent voorbereid of integer gehandeld hebt, wordt dit een zware tijd. Misschien zit je naar je gevoel in een neerwaartse spiraal. Is dit zo, besef dan dat je oogst wat je hebt gezaaid.

Het loopt minder vlot met een relatie dan jij zou wensen. Je krijgt wellicht meer verantwoordelijkheden, waardoor je niet zo gemakkelijk risico's neemt met tijd en middelen.

Omstandigheden maken het lastig om je plannen af te stemmen op die van je minnaar, oud of nieuw. Misschien is er iets mis met je reactievermogen en timing, waardoor je je ongelukkig voelt. Frustraties kunnen een relatie schaden wanneer agenda's veranderd en dates afgezegd moeten worden en er afspraken vergeten worden.

Goed geluk betekent het samenkomen van voorbereiding, kans en vaardigheid, dus doe moeite voor de dingen in het leven die je misschien vanzelfsprekend vindt. Deze kaart ondersteboven kan ook betekenen dat het tijd is om iets op te geven dat niet werkt. Of hij geeft aan dat je het wel gehad hebt met een relatie en er creativiteit en geluk nodig zijn om hem te redden. Blijf niet hangen in vastgeroeste patronen of door je niet open te stellen voor een nieuwe kans, omdat je hierdoor misschien een andere kant uit zou kunnen gaan. Je komt alleen vooruit door onrealistische verwachtingen op te geven. Let wel, vrede begint waar verwachtingen eindigen.

11. RECHTVAARDIGHEID
WAARHEID

RECHTOP: Ja, je verdient het.
De ENGEL VAN RECHTVAARDIGHEID strooit bloemen uit haar overvolle mand. Dit symboliseert dat je krijgt wat je verdient en meer. Waarheid en schoonheid winnen het van onwetendheid en negativiteit. Rechtszaken of onderhandelingen verlopen eerlijk. Het verbeteren van je huis, je relatie en je leefstijl is nu een realistisch en haalbaar doel.

Als je naar liefde op zoek bent, bereid je dan voor op een geweldige partner. Hij/zij kan behoorlijk aantrekkelijk zijn en/of op een of andere wijze deel uitmaken van het justitiële apparaat of betrokken zijn bij een activiteit die de wereld mooier en rechtvaardiger maakt. RECHTVAARDIGHEID is een van de kaarten die aangeeft dat een gelukkig huwelijk nu mogelijk is!

Bestaande relaties zullen enorm verbeteren. Er zal evenwicht ontstaan, waardoor er wederzijds begrip en acceptatie komt. Spreek de waarheid en behandel iedereen eerlijk en rechtvaardig. Je bezit een feilloos vermogen om te zien of jijzelf en een ander eerlijk of oneerlijk is. Beide partijen moeten geven en nemen, vertrouwend op de band van ware liefde. Dit is een geschikte tijd om dingen op papier vast te leggen, zoals een samenlevings- of huwelijkscontract, of informeer anders naar je positie en rechten om ze duidelijk en eerlijk te regelen.

RECHTVAARDIGHEID symboliseert ook vrede en alle goede dingen in het leven die te genieten zijn in een vreedzame tijd – een verbeterde omgeving, een liefhebbende familie met tijd voor elkaar en een eerlijk bestuur van betrokken burgers.

ONDERSTEBOVEN: Nee, het is gewoon niet juist.
De ENGEL VAN RECHTVAARDIGHEID stort ter aarde, wat in dit geval betekent dat waarheid en schoonheid het verliezen van onwetendheid en negativiteit. Het kan ook duiden op een tijd van daadwerkelijke vijandigheid of dreigend conflict. Jij of jullie allebei moeten nu wel engelen zijn willen er geen woorden vallen en dingen gedaan worden die blijvende schade aanrichten.

In rechtszaken en andere aangelegenheden krijg je deze keer misschien niet wat jou toekomt. Je komt niet tot overeenstemming of er is geen steun. Oordelen lijken onevenwichtig en oneerlijk.

Als je naar liefde op zoek bent, dan kan de ENGEL VAN RECHTVAARDIGHEID betekenen dat de vooraf gestelde eisen aan een partner onredelijk zijn, of er wordt niet aan voldaan. Jij of een ander vertelt de waarheid niet. Loze zelfmisleiding. Degenen die je na staan en/of iemand die jou interesseert zou weleens niet de waarheid kunnen zeggen. Vermijd iedere toezegging die men van je vraagt of stel die uit.

RECHTVAARDIGHEID ondersteboven kan op problemen duiden die voortkomen uit de loyaliteit, waargetrouwheid, het uiterlijk en de persoonlijke hygiëne van jou en/of van je partner. Iemand in de relatie vindt dat er sprake is van ongelijkheid en eenzijdigheid, die de ware liefde verstikken. Beide partijen zijn overtuigd van hun gelijk. Terug willen slaan leidt tot onbuigzaamheid en wantrouwen. Bij onenigheid is een impasse het beste waarop je kunt hopen. Je emotionele betrokkenheid bij een relatie is misschien niet wederzijds. Afspraken over geld, bezittingen, kinderen, fysieke attributen of huwelijk zijn een lastige klus, zelfs wanneer je enorm je best doet om ware liefde te creëren en te onderhouden.

12. GEHANGENE
HOUDING

RECHTOP: Misschien, als je je perspectief verandert.
De GEHANGENE is op zijn kop, maar hangt hij eigenlijk wel? Zijn rechterhand heeft hij ter ondersteuning plat op de grond en het touw om zijn rechtervoet zit los, niet strak. Is hij een zwakke ziel, een zondaar die elk moment opgehesen en aan de elementen overgelaten kan worden? Of is hij ongelooflijk sterk en doet een handstand op één hand om dit te bewijzen, maar wel met een touw om zijn enkel voor als hij mocht vallen?

De GEHANGENE rechtop symboliseert de twee manieren om met zware tijden om te gaan. Wanneer het normale leven op zijn kop staat kunnen we kiezen: zien we de dingen onder ogen en weten we hele nieuwe uitdagingen aan te nemen of laten we ons door angst en willoosheid duizelig maken en daardoor onze wil en onze acties verlammen?

Of je nu naar liefde op zoek bent of een relatie hebt, jij en een concrete of gefantaseerde partner zullen sterk moeten staan en met tegenslag om weten te gaan – zwakke mensen redden het niet. Het gaat erom allebei sterk en open genoeg te zijn om anders aan te kijken tegen de meest fundamentele dingen. Elke relatie die door deze moeilijke tijd heen komt, blijft waarschijnlijk duren.

Neem een pauze om de hogere zin van het leven te ontdekken. Ga yoga doen, mediteren of volg een andere methode die volgens jou kan helpen bij het verminderen van je stress en je obsessies. Als je je relatie vanuit een nieuw perspectief beziet, komt er een positieve verandering.

ONDERSTEBOVEN: Misschien, als je niet in paniek raakt.
De GEHANGENE ondersteboven lijkt in paniek te zijn, met wild zwaaiende armen probeert hij er vandoor te gaan, zonder op het touw om zijn enkel te letten waarover hij zo kan struikelen.

Als je naar liefde zoekt, laat dan je ongerustheid over of dit ooit zal lukken niet doorwerken in je interacties met mogelijke partners. Je maakt jezelf nog gek en jaagt andere mensen weg als je jezelf met deze tijd van schijndood kwelt en te veel haast hebt. Raak niet in paniek of je struikelt over jezelf.

Single of gebonden, dit is een tijd van problemen die je niet in de hand hebt. Je voelt je misschien ten onrechte gestraft (en dat kan best zo zijn!) en vastzitten in een relatie die almaar erger wordt. Dat waarvan jij dacht dat het ware liefde was, blijkt misschien gewoon afhankelijkheid van elkaar. Er moet wellicht een counselor of therapeut aan te pas komen om jullie allebei vanuit een ander en hoger perspectief naar de situatie te laten kijken.

Mogelijk moet je leren omgaan met paniekaanvallen en andere mentale of emotionele stoornissen die met angst en bezorgdheid te maken hebben. Ook hiervoor heb je misschien professionele hulp nodig. Iemand in deze omstandigheden moet hulp krijgen en niet gestraft worden omdat hij zwak of gek is.

Voorkom dat je iets gaat opofferen, waardoor je in de slachtofferrol terecht komt. Maak van jezelf geen martelaar en maak geen date met zo iemand. Klamp je niet vast aan een relatie die voorbij is of maak jezelf niet gek van verlatingsangst. Dat is geen ware liefde.

13. DOOD
TRANSFORMATIE

44 TAROT VAN DE WARE LIEFDE

RECHTOP: Nee, begin opnieuw.
De geestverschijning probeert de DOOD te ontvluchten, maar er zijn duidelijk tekenen van desintegratie. De DOOD gaat niet over het fysieke sterven. Rechtop of ondersteboven betekent hij dat er vrijwel geen hoop is dat de situatie waarover je hebt gevraagd nog gered of een oude situatie hersteld kan worden. De kaart rechtop betekent dat je je bij de nieuwe realiteit neerlegt.

Een ingrijpende verandering meemaken is onprettig, maar helpt je wel in te zien wat belangrijk is. Hoe triest ook, alle dingen moeten vergaan om verder te kunnen groeien in onze spirituele ontwikkeling. Het is niet gemakkelijk – passie, hevige emotionele ups en downs en seksuele aantrekkingskracht trekken allemaal aan je hart nu.

Je zult een transformatie moeten doormaken om opnieuw te kunnen beginnen. Laat het verleden het verleden en vertrouw erop dat er weer liefde zal komen. Zwijg over de inhoud van je vraag. Praat niet over vroegere relaties en zelfs niet over oude tijden. Concentreer je op wat er nu gebeurt en wat eraan zou kunnen komen. Waardeer alle goede dingen in je leven en richt je op een nieuwe toekomst. Hoop gaat niet verloren, tenzij wij haar laten varen.

Wat voorbijgaat diende als een katalysator voor transformatie in je leven. Karmisch gezien kun je zeggen dat jij werd geholpen om nieuwe poorten te openen, waaraan je anders misschien voorbij was gegaan. Zoals de dichter Alfred Lord Tennyson zei: 'Beter bemind en niet gekregen, dan in 't geheel niet liefgehad.'

ONDERSTEBOVEN: Nee.
DOOD ondersteboven betekent niet dat er iemand gaat sterven. Wel dat de poging om door ingrijpende veranderingen een relatie weer vitaal te maken niet gelukt is. En deze stilstand heeft serieuze consequenties, die nu een kritiek punt bereiken.

Of je het prettig vindt of niet, krachten die buiten je controle vallen zullen je dwingen om te stoppen met iets wat je liever niet wilt stoppen. Als dit zo is, krijg je geen tweede kans of heb je geen keus. Je moet het verlies van een relatie of de kans om er een aan te gaan wel onder ogen zien. Er zal sprake zijn van een ingrijpende transformatie, waarop je niet bent voorbereid en die je niet hebt verwacht. Voer geen bittere strijd, want je relatie gaat het uiteindelijk niet redden.

Het grondprobleem hier is iets niet los kunnen laten om ruimte te maken voor het nieuwe. Je tegen verandering verzetten is pijnlijk, vandaar dat je het beste maar kunt ontspannen en je door God (Godin) laten leiden. Maar hoogstwaarschijnlijk moet je hulp zoeken om de scherven van deze relatie bijeen te rapen. De grote transformatie zal jou angst aanjagen en moeilijke keuzes van je vragen. Maar verzet tegen de veranderingen leidt tot onderdrukte emoties, stress en seksuele nood, die vervolgens lukraak en op ongelegen momenten opkomen. Er kan professionele hulp nodig zijn om hiermee om te leren gaan.

14. GEMATIGDHEID
GEDULD

RECHTOP: Ja, als je geduld hebt.
Een vrouw staat onbeweeglijk en voorzichtig te balanceren met een papieren lamp aan het uiteinde van een stok. Zij hoopt zo een gouden vogel naar de zaden te lokken die zij in de lamp heeft gelegd. Dit tafereel symboliseert de kwaliteiten die nodig zijn om goed geluk of goede relaties aan te trekken: wees stil, in balans en geduldig.

Als je net iets belangrijks wilde gaan zeggen of doen wat misschien een grote invloed heeft op je liefdesleven, is het trekken van de kaart GEMATIGDHEID rechtop een teken dat je beter een gunstiger moment kunt afwachten. Het is nu de tijd niet om impulsief te zijn.

Als je single bent, betekent GEMATIGDHEID rechtop: ontspan, wees geduldig, alles is oké. De dingen in hun eigen tijd laten gebeuren is een belangrijke stap op weg naar je spirituele ontwikkeling – een andere betekenis van gematigdheid – en het is die ontwikkeling die jou de ware liefde zal brengen. Wacht nog een tijdje af of die ene persoon contact gaat zoeken.

Laat de complexiteit voor jou het werk doen. Wat je ook doet, geen haast. Doe het op het perfecte moment. Kijk naar hoe anderen hun plan timeden en volg ze na.

Heb je een relatie, dan pakken de dingen het beste uit wanneer jij, je partner of jullie allebei bereid zijn om meer geduld en acceptatie op te brengen, twee attributen van de ware liefde. Kanaliseer op een rustig plekje je energie in het opstellen van plannen en lijstjes met wat je wel en niet wilt. De resultaten van je planning zouden je weleens kunnen verrassen.

ONDERSTEBOVEN: Misschien, als je geduld hebt.
GEMATIGDHEID ondersteboven laat de zaden zien die uit de lamp vallen, waardoor de vogel ze kan opeten voor de vrouw klaar is. Ofwel er is te veel geduld en planning geweest ten aanzien van je liefdesleven, of te weinig. Door de tijd en timing kan een al te ingewikkelde situatie er nog gecompliceerder op worden.

Ben je zo ongeduldig dat je jezelf er pijn mee doet en je kans op de ware liefde verspeelt? Eeuwig zitten wachten hoeft niet, maar geef de dingen wel de kans om geleidelijk te ontstaan.

Verzeker je ervan dat jij of degenen die invloed op jou hebben, geen lijstje bezitten met vooraf bepaalde eisen ten aanzien van jou en je ideale partner of relatie. Deze lijst van 'vereist' en 'onmogelijk' kan je afhouden van geluk met iemand die bij je past – iemand die, in tegenstelling tot jou, zich best wil schikken naar jouw eigenschappen.

GEMATIGDHEID ondersteboven kan ook betekenen dat je te gemakzuchtig aankijkt tegen de ware liefde en wat er voor nodig is om die te vinden, behouden en onderhouden. Je denkt dat het allemaal wel vanzelf loopt, terwijl je eigenlijk actie zou moeten ondernemen. Er is een verschil tussen het geduld waar de GEMATIGDHEID voor staat en luiheid en apathie of, heel extreem, depressie.

Tijd en timing kunnen binnen enkele dagen een probleem blijken. In liefdesaffaires komen de dingen niet vanzelf aanwaaien bij degenen die wachten en zeker niet bij degenen die te lang wachten. Leeftijd kan een rol spelen. Het is belangrijk om op tijd te komen, dat is een teken van respect voor degene met wie je een afspraak hebt.

15. DUIVEL
VERLEIDING

RECHTOP: Nee, voorzichtig!
De mooie Indiase vrouw die danst met haar slang wijst duidelijk op de eeuwenoude associatie van de DUIVEL met verleiding, verlokking, seksuele en andere begeerte. Toch is het een belediging voor de hele mensheid, die is geboren uit seksuele contacten, om aan seks en alles wat ermee geassocieerd wordt iets duivels toe te schrijven.

Als jij hebt uitgezien naar een verleidelijker en meer sexy gedrag, bij jezelf of een ander, is de verschijning van de DUIVEL een gunstig teken. Je zou iets verleidelijker kunnen gaan denken, handelen of je meer sexy aankleden om de gewenste relatie te krijgen. Zo nu en dan hebben we het allemaal nodig om een beetje versierd te worden. Dit haalt ons uit de inperkende gewoonten en gedragspatronen waarin we vastzitten. Maar wees voorzichtig!

De DUIVEL staat voor allerlei soorten excessen en je zou weleens meer op je af kunnen krijgen dan je verwacht hebt. Wanneer je de DUIVEL treft, houd dan je morele kompas bij de hand – dit zul je nodig hebben! Misschien moet je een 'masker' dragen en 'het spelletje meespelen', dus houd dingen voor jezelf en praat je mond niet voorbij. Zelfs een leugen kan nodig zijn en ga ervan uit dat voor je partner hetzelfde geldt. Je wilskracht is groter dan je begeerte, maar alleen wanneer je bedenkt dat je een keuze hebt en die gebruikt.

ONDERSTEBOVEN: Nee! Wees heel erg voorzichtig!
De DUIVEL ondersteboven toont het been van de vrouw met het uiteinde van de slang er losjes omheen, een subtiele variatie op het touw dat om de enkel van de GEHANGENE (12) zit. Dit symboliseert niet dat we gevangenen zijn van onze begeerte en lust, tenzij we daar zelf voor zorgen, door onze overtuigingen, daden of dadenloosheid.

Kijk eens heel goed naar de vraag die je hebt gesteld – waarom deze vraag? De DUIVEL staat voor de verlokking van de materiële wereld. Misschien overweeg je wel een relatie die vooral over geld, macht, status, uiterlijk en/of seks gaat. In ons boek zien wij dit niet als de ware liefde.

Misschien moet je je eigenlijke bedoelingen verhullen. Handel geraffineerd of helemaal niet. Jij bent aan het bedriegen, of je partner doet dit, of jullie relatie wordt door lust, bedrog en hebzucht op de proef gesteld. Iemand zit tegen je te liegen of probeert je te verleiden met leugens en bedrog. Het kan ook betekenen dat die persoon tegen zichzelf liegt en niet tegen jou – of misschien lieg jij wel tegen jezelf. De waarheid komt weldra aan het licht.

Misschien word je fysiek aangetrokken tot iemand die jou niet waard is, die jou gewoon voor zijn eigen bevrediging gebruikt, of echt een bedreiging vormt voor je gezondheid en veiligheid. Als een seksueel contact al heeft plaatsgevonden, moet je je misschien door een arts laten onderzoeken, zodat je niet hoeft in te zitten over eventuele nare gevolgen.

RECHTOP: Ja, als je iedereen van streek wilt maken.
Verwacht het onverwachte. De instortende toren van het brandende gebouw is een onprettige herinnering aan het feit dat niets eeuwig duurt. Zelfs iets wat gemaakt is om te blijven kan voortijdig aan zijn eind komen – ook een relatie – wanneer agressieve, onvoorspelbare en explosieve energieën plotseling vrijkomen. Wat ervoor in de plaats komt – een verlaten, opgebroken, lege plek of iets moois en nieuws dat je op die plek opbouwt – dat is aan jou.

Heb je een relatie, dan is het beste wat je kunt verwachten dat deze radicaal en positief verandert. Als je je relatie fris en opwindend hebt weten te houden, hoef je nergens over in te zitten. Maar wel duidt de TOREN vaak op plotselinge verstoringen, dus als je gelukkig bent met zoals het nu gaat, zul je teleurstelling ondervinden.

Als je hebt zitten bidden om meer vrijheid of een omslag in je relatie, het uitmaken of scheiden inbegrepen, kunnen je gebeden elk moment verhoord worden. Wat er vervolgens ook gaat gebeuren, het loopt anders dan jij verwachtte, dus stel je in op grote veranderingen.

Als je naar liefde zoekt, pas dan op. De TOREN kan betekenen dat je op het punt staat een onvoorspelbaar, weerspannig en ontwrichtend type tegen te komen. Val je daar op en ben je in staat jezelf te beschermen tegen zijn/haar gekte, dan is dit goed nieuws. De TOREN kan ook voorspellen dat degene over wie je vraag gaat labiel is, mogelijk op een gevaarlijke manier, en zeker niet het trouwe type!

ONDERSTEBOVEN: Nee!
De TOREN ondersteboven lijkt op een ongecontroleerd wegschietende raket. Dit symboliseert dat je misschien het plotselinge vrijkomen van energieën niet aan zal kunnen. Het kan ook duiden op een gebrek aan vooruitgang, hoop of misschien dreigt je liefdesleven wel gewoon ten onder te gaan aan sleur. Of je nu naar liefde op zoek bent of in een ingezakte relatie zit, als er bij jou (of je partner) verzet is tegen het weer vitaal maken van je liefdesleven, komt het tot een explosie van de opgestapelde energieën van de verdrongen begeerte en onuitgesproken gevoelens. En wel op een heel ongelegen moment en een ongepaste manier.

De TOREN ondersteboven kan ook symboliseren dat jij of degene waar je oog op is gevallen ergens zo wanhopig over is dat je alles en iedereen wel zou willen schokken om je crisis maar te stoppen. Dit soort explosief en egoïstisch gedrag kan beginnen als onschuldige nerveuze energie, maar dan ineens dramatisch uit de hand lopen, als een donderslag bij heldere hemel.

Aan elk probleem dat naar aanleiding van je vraag opkomt, kunnen slepende psychische problemen van jou of van je minnaar ten grondslag liggen, die veroorzaakt zijn door negatieve ervaringen van vroeger, die lieten zien hoe onbetrouwbaar mensen, relaties of gewoon het leven kunnen zijn.

Als je het geluk hebt en de TOREN ondersteboven jou labiliteit, revolutionaire ideeën of instortende gevestigde structuren laat zien, die je duidelijk maken dat de oude regels niet langer werken, dan kom je er wellicht op een of andere manier bevrijd uit te voorschijn.

17. STER
HOOP

RECHTOP: Ja en nog eens ja!
De jachtige wolken zijn uiteen gedreven en een magische STER is aan de hemel verschenen, alsof ze gehoor geven aan het trompetgeschal van een sterke vrouw. Hij straalt zo helder en krachtig dat zon en maan daarbij vergeleken aan de aarde vast lijken te zitten.

Als je naar liefde op zoek bent, zou je weleens elk moment de meest fantastische persoon van je leven kunnen treffen – iemand die meteen opvalt. Als je met iemand bent en het zwaar hebt gehad, kop op! Ofwel je relatie gaat een tijd van ingrijpende verbetering tegemoet of je komt een geweldige nieuwe geliefde tegen!

Deze kaart geeft aan dat je optimistisch moet zijn, ook al heb je in het verleden wonden opgelopen. Je doorziet onechtheid en kan iemands karakter en onderliggende motieven helder waarnemen. Je kunt weer iemand worden met hoop en vertrouwen, die zulke kwaliteiten in anderen waardeert.

Je moet de STER van je show gaan worden en een tijd van vreugde, verwondering, hoop en heling beleven. Kom tot rust en herstel het contact met je lijf. Als je de voordelen inziet van ontspanning en verjonging en spiritueel inzicht, zul je weldra goddelijke genade en spirituele harmonie ervaren. Dagdroom over de ware liefde, zet er voldoende pragmatisch handelen tegenover en je dromen komen uit. De STER zal je helpen de koesterende, vervullende relatie en vertrouwensband te krijgen die jou duurzaam geluk en vreugde brengen.

ONDERSTEBOVEN: Misschien, als je het aandurft.
De zon en maan op de STER ondersteboven staan weer in de hemel. Dit symboliseert dat jij en/of je partner menselijker zijn geworden en minder bijzonder dan voorheen. Dit is eigen aan de ontwikkeling van alle relaties en ermee om weten te gaan kan jou en je relatie sterker maken.

Misschien heb je je de laatste tijd helemaal niet een ster gevoeld en ben je eraan toe om bij te komen. Mogelijk voel je je op het pad van de ware liefde op jezelf aangewezen zonder te weten wie je kunt vertrouwen of geloven. Misschien ken je jezelf helemaal niet zo pessimistisch en ondermijnt dit je zelfvertrouwen. Het kan komen omdat minnaars en vrienden je hebben laten vallen. Je hebt lagere verwachtingen. Desillusie is in de plaats gekomen van optimisme.

Door je vast te bijten in kritiek en haat, wordt de twijfel of een gezonde en geslaagde relatie er voor jou wel inzit alleen maar groter. Jij of een dierbaar iemand kan nu erg voorzichtig overkomen, alsof je er niet bepaald dol op bent je te binden. Jij of je partner lijken eerder op fouten of gebroken beloften gericht dan op het zoeken naar goede oplossingen.

Misschien aarzel je om aan een relatie te beginnen en ben je cynisch over nieuwe mogelijkheden en kansen op ware liefde vanwege eerdere teleurstellingen. Leg niet zoveel nadruk op je pijn en onvervulde dromen – dit maakt je kansen op verbetering in de toekomst kleiner.

18. MAAN
ANGST

RECHTOP: Misschien, maar je weet nooit.
Onder een strenge, schijnbaar koele MAAN zit een jeugdige figuur. Hij schudt een schaal met rijpe zaden, terwijl een kat een gat graaft in de aarde om ze te zaaien. Dit tafereel symboliseert onze mooie, edele pogingen om de schaduwkant van het menselijke bestaan, de twijfels en angsten over het leven en de zin ervan aan te kunnen en tegen de depressie opgewassen te zijn die kan opkomen wanneer we aan onze toekomst denken en daardoor niet van het huidige moment weten te genieten.

Je hoeft het onbekende niet te vrezen. Vertrouw op geloof en intuïtie en op welwillende krachten die je naar de ware liefde leiden. Leer je dromen doorgronden. Je moet vooruitgaan, zelfs zonder een helder beeld te hebben van waar je nu zit, waar je heengaat en waar je bent geweest.

Als verlegenheid, onzekerheden of depressie je hinderen in je zoeken naar de ware liefde, probeer ze dan het hoofd te bieden. Bijvoorbeeld door ademhalingstraining, meditatie en massage – allemaal methoden die helpen contact te maken met je hogere zelf.

Word je bewust van wat zich binnenin je afspeelt. Er kunnen nu moederinstincten of kwesties rondom moederschap spelen. Terugblikken op de familiegeschiedenis en vroegere relaties zorgt ervoor dat je nu goed weet te reageren. Maak van je huis een plek waar je je veilig en gesteund voelt. Anders ben je overgevoelig en ga je onjuist handelen, omdat je stemmingen heen en weer schommelen met de maancycli. Wees erop bedacht dat ook je droomgeliefde verandert en een relatie niet altijd een droom is die uitkomt.

ONDERSTEBOVEN: Nee.
Het beeld van de MAAN ondersteboven laat een jeugdige figuur zien die naar de maan toe slingert. Dit symboliseert dat de pogingen om te ontsnappen aan je buien en depressie, die horen bij een onontwikkelde emotionele intelligentie, niet gelukt zijn.

Je krijgt wellicht te maken met duisternis, angst en verwarring. Je wordt ertoe uitgedaagd om zonder een helder beeld te hebben van verleden, heden of toekomst door te gaan. Zonder intuïtie en vertrouwen in jezelf en een hogere macht gaat het niet lukken. Je gebrek aan helderheid kan anderen misleiden. Je onredelijke verwachtingen kunnen je neurotisch maken ten aanzien van een relatie. Ben je niet zeker van jezelf, probeer je dan bewust te worden van je diepgewortelde angsten over het geven en nemen van liefde.

Misschien fantaseer je over een relatie en denk je dat 'die ene' bestaat nog voor je zelfs maar hebt kunnen kijken hoe het nou echt zit. Het kan zijn dat je liever blind bent voor de waarschuwingstekens van een relatie die nooit zal werken.

Misschien word je overmand door verlegenheid of melancholie, omdat jij je met je gevoelige natuur te kwetsbaar en verwond voelt. Of je bent humeurig – het ene moment geïnspireerd, het volgende weer totaal ongemotiveerd. Als je je zo voelt, kun je je beter terugtrekken tot je stemming verbetert in plaats van uit te gaan en voor een negatief iemand versleten te worden.

De MAAN ondersteboven brengt illusie en verhulde intenties, maar ook een waarheid die alleen de sterkste mensen aankunnen: de ware liefde vinden lost niet al je andere problemen op.

19. ZON
ONDERSTEUNING

RECHTOP: Ja, geniet!
De ZON heeft genoeg licht en kracht in huis voor iedereen, vooral voor de door zonne-energie gestuurde vleugels van de wijze geleerde, die erachter is hoe mensen kunnen vliegen. Lang geleden werd de zon aanbeden als een god, maar tegenwoordig weten we dat het 'maar' een ster is. In het tarot is de ZON het hoogste, want het is een ster die voor iedereen schijnt, terwijl de STER laat zien dat wij allemaal unieke individuen zijn.

Met een positieve houding trek je anderen aan. De ZON is een van de gunstigste kaarten in het spel. Weldra vlieg jij naar je ideale date met de ware liefde toe – misschien wel richting tropisch eiland! Lekker flirten, spel en romantiek staan in de kaart te lezen. Je zult gezellige bijeenkomsten hebben met familie, vrienden en minnaars. Je krijgt een inspirerende, intieme relatie die op ware liefde en vriendschap berust.

Je moet je mooiste eigenschappen en prestaties delen. Straal uit wie je bent en waar je absoluut voor staat. Schijn met je liefde op degenen om wie je geeft. Misschien val je op een sterke vaderlijke figuur. Steun alle pogingen van een geliefde om te groeien.

Iemand wordt tot jou aangetrokken en voelt een bijzondere kosmische en zielsconnectie. Jullie zijn alle twee bij elkaar niet-oordelend, respectvol en op je gemak. Vriendschap zal een kostbaar goed zijn voor deze relatie. Bestaande relaties zullen ingrijpend verbeteren, wanneer de ZON zijn genade over hen uitstraalt.

ONDERSTEBOVEN: Ja, maar niet zo sterk.
De gevleugelde vlieger boven de ZON ondersteboven is dat wat hij voor een god hield te dicht genaderd. Hij merkt dat het om een vurige ster ging en die heeft zijn oprijzende vleugels laten smelten.

Je gaat het moeilijk krijgen met een relatie. Misschien kun je je eigenlijke gevoelens niet uiten. Liefde, vriendschap of cadeautjes vallen tegen. Jij en je partner willen misschien graag meer aandacht, geld of macht en blijven maar klagen. Je hebt geen oog voor de goede dingen in het leven.

Egoïsme kan de ware liefde belemmeren. Jij of een geliefde vinden misschien dat je relatie meer moet opleveren. Er kan sprake zijn van spijt of niet gerealiseerde dromen die je met je meesleept en een gelukkige, duurzame verbintenis in de weg staan. Er zal niet de voldoening zijn die je wenst. Je kunt met niemand gelukkig zijn, tenzij je gelukkig bent met jezelf.

Als je niet een zeker gevoel van onafhankelijkheid hebt proberen te ontwikkelen, zul je onzeker zijn over welke richting je op moet. Een ouder kan je onder druk zetten of er spelen andere eisen, waardoor je je niet in staat voelt om die ene klus te klaren.

Misschien kom je naar je gevoel niet genoeg toe aan je creativiteit. De familie zal onvoorspelbaarder zijn dan ooit en kan jouw relatie weleens proberen te beïnvloeden. Misschien heb je zin in een warm of zonnig klimaat, maar je plannen worden verstoord of uitgesteld.

20. **OORDEEL**
PERSPECTIEF

RECHTOP: Ja, als je erboven staat.
De vrouw die boven de stad zweeft in OORDEEL rechtop symboliseert dat als je de ware liefde wilt, je boven benepenheid, verwijt en schuld moet staan om een heldere kijk op je situatie te krijgen. Geef het niet op! Als je zint op wraak kun je de ware liefde wel vergeten. Het einde van je zoektocht kan zelfs de vorm aannemen van een eerdere liefdesaffaire.

Ben je al een tijdje zonder partner, weet dan dat er een relatie aan staat te komen. Tenminste, als je niet met minder genoegen neemt dan waar je recht op hebt. Beoordeel mogelijke partners op wat je weet over jezelf en je behoeften, niet op wat je altijd wilde. Kom voor jezelf en je recht om te oordelen op – wees niet politiek correct over vitale kwesties.

Door terug te blikken op waar je samen doorheen bent gegaan, het goede en het slechte, wordt een bestaande relatie weer vitaal. Mildheid en de wens tot verbetering zullen overheersen. Liefde en aantrekking, die je dood waande, beleven een wederopstanding. Ieder zal de verantwoording nemen voor begane fouten, weer vertrouwen hebben en een band met de ander opbouwen. Als er binnen je relatie iets eindigt, zal dat einde ook een begin zijn.

Zie je verleden nu onbevreesd onder ogen. OORDEEL rechtop kan ook betekenen dat jij een veroordeling tegen jou wint of een slechte gewoonte opgeeft en een huwelijk of een intieme relatie weet te redden. Vermijd harde oordelen, vooral die over jezelf.

ONDERSTEBOVEN: Nee, je oordeel slaat nergens op.
Stel je in op een tijd van afrekening. Rekeningen worden vereffend en vroeger karma in evenwicht gebracht. Er zal over jou en je relatie geoordeeld worden en misschien blijkt dat jullie tekortschieten. Zelfs al word je niet veroordeeld door een ander, de kritische stem in jezelf zal er wel voor zorgen dat jij te hard bent in je oordeel over jezelf of je partner. Reken op wisselende emoties in jezelf of anderen, vooral als je je verzet tegen de realiteit.

In een bestaande relatie zijn er wellicht onvoldoende liefde, mildheid of middelen om door een donkere tijd heen te komen. Een oude liefde of minnaar kan de zaak bemoeilijken. Als er sprake is geweest van bedrog of luiheid, dan zullen er verrassende onthullingen komen die bedreigend zijn voor je relatie.

Als je relatie niet echt een verbintenis is, pas er dan voor op van een nieuwe vriendschap een liefdesband te maken. Misschien dat de een niet bereid is om de moeite van de ander om zichzelf te verbeteren te volgen. Er kan botheid nodig zijn voor bewustzijn en vooruitgang. Probeer je een relatie te redden, ga dan niet met het vingertje wijzen. Misschien zin je op wraak, maar daarmee blijft het herstel alleen maar langer uit.

OORDEEL ondersteboven is een waarschuwing om de feiten onder ogen te zien en een confrontatie aan te gaan met het verleden en zijn demonen en schaduwen in jezelf of een geliefde. Plannen verlopen misschien niet naar wens. Of je blijft hangen in een frustrerende, ongelukkige situatie, terwijl je er eigenlijk mee zou moeten stoppen. Vergeef, te beginnen bij jezelf, of je zult geen vergeving krijgen.

21. WERELD
BEKRONING

RECHTOP: Ja! Prima gedaan!
Tijd voor promotie! Beloften komen uit en je diepste verlangens gaan weldra in vervulling. Een mijlpaal wordt bereikt. Binnenkort haal je een niveau van resultaat en inzicht dat jou fysiek, mentaal en spiritueel beloont voor je moeite om de ware liefde te vinden en/of je bestaande relatie te verbeteren.

Als je je maatje niet hebt gevonden, is het nu tijd dat de perfecte relatie vanzelf naar je toe komt, misschien in de vorm van iemand uit een ander land, met een andere huidskleur of etnische achtergrond. Respecteer culturele verschillen, maar geef je eigen cultuur niet op of sublimeer die niet, want de ware liefde zal zo iets nooit eisen. Eindelijk heb je jezelf leren kennen, dus wees jezelf, altijd en helemaal.

De trompet van de engel symboliseert dat je je liefde aan de wereld kenbaar moet maken. Het is de perfecte tijd voor cadeaus en een feest, vooral een waarvoor je je mooi kunt optutten en de hele nacht door dansen. Zeg ja tegen een huwelijk en kondig het aan. Met of zonder partner, dit unieke hoogtepunt dient vastgesteld en met cadeaus en feest bekroond te worden.

Er is een einde gekomen aan een lange cyclus en een nieuwe komt eraan. Het is de ideale tijd voor het voornemen om je nieuwe dromen, gebaseerd op je nieuwe situatie, waar te maken. Gooi oude, nutteloos geworden gewoonten overboord en open je ogen en oren voor schitterende kansen en opwindende ontdekkingen. Misschien wil je gaan reizen en de wereld zien.

ONDERSTEBOVEN: Misschien, als jij je volwassen gedraagt.
De engel die over de aarde waakt, symboliseert dat de wereld, de mensen en je geliefde jou niets verschuldigd zijn. Je moet jezelf verheffen en verdienen wat je graag wilt. Dit kost inspanning, te beginnen bij het werk aan jezelf en vooral aan je spirituele ontwikkeling.

Laat je tegenover derden niet uit over de staat waarin je liefdesleven verkeert. Je geheimen worden wellicht gedeeld. En het opleidingsniveau, de sociale privileges en distinctie – of een tekort eraan – van jou, je partner of jullie beide kan problemen geven.

Ben je naar liefde op zoek, pas dan op voor iemand met een nationaliteit, overtuigingen of achtergrond die zo verschillen van de jouwe dat onoverkomelijke barrières de ware liefde in de weg staan. Geliefden willen elkaar een wereld van liefde, licht en lachen geven en er niet een van restricties opleggen.

Zelfs al eindigt een belangrijke cyclus van je liefdesleven en valt er nog veel te leren, het kan nu lastig zijn om je te concentreren, omdat je minder vertrouwen hebt. Dit is niet de tijd om ja te zeggen tegen een huwelijk, een reis of andere verplichtingen. Beloften worden niet nagekomen. Oude gevoelens van onbeantwoorde liefde of wederzijdse afhankelijkheid kunnen opduiken. Geef ongepast gedrag en gewoonten op of je gaat niet door naar de volgende fase van je relatie of je zult geen ware liefde vinden in de wereld.

HOFKAARTEN
EN DE
KLEINE ARCANA

ROZENPRINSES
DE AVONTURIER

RECHTOP: Ja.
De ROZENPRINSES heeft impulsief in iedere hand een stok opgepakt, hoewel ze er nog niet mee kan zwaaien, zelfs niet met eentje. Maar haar enthousiasme maakt haar onervarenheid goed en ze zal haar nieuwe instrumenten goed weten te gebruiken naarmate ze waardevolle ervaring opdoet.

Je zult een jonge of jeugdig uitziende, leuke, enthousiaste vrouw ontmoeten of jezelf zo moeten gaan gedragen. Het is nodig dat je positief en spontaan bent – geef je lief een zoen, ga een weekendje weg, lach en vertel grappen. Schitter. Bedenk dat je praatjes geen gaatjes vullen. De liefdeslessen die je nu leert, blijven je je hele leven bij. Wil je iemand in je interesseren, wees dan uitgelaten en startklaar.

Een bezige, energieke jonge vrouw zou weleens met een nieuwe kennis kunnen aankomen. Wanneer je die ontmoet, stort jezelf dan met argeloze overgave en een open hart in de relatie. Misschien voel je de aandrang om een nieuwe verkering te beginnen of ineens van een bestaande weg te lopen. Ga ervoor!

Deze kaart kan ook betekenen dat je eigen jeugdige, romantische spirit anderen om je heen fascineert. Naarmate je experimenteert, groeit en je sociale vaardigheden en de wetten van de aantrekking beter gaat begrijpen, leer je ook de emotionele behoeften kennen in jezelf en in de mensen om wie je geeft. Ga op avontuur, train, of speel buiten met elkaar, met je lievelingsdieren en/of vrienden die huisdieren hebben. Maak plezier door elkaar troetelnaampjes te geven.

ONDERSTEBOVEN: Misschien.
De ROZENPRINSES heeft impulsief in iedere hand een stok opgepakt, hoewel ze er nog niet mee kan zwaaien, zelfs niet met eentje. Haar goede bedoelingen en enthousiasme kunnen onervarenheid niet goedmaken.

Pas op voor iemand die er wild en te opvallend uitziet of zich te jeugdig kleedt. Zorg dat jijzelf zo niet bent – dit en impulsief, onvolwassen gedrag drijft mogelijke partners weg. Ga niet te hard. Een relatie te vlot aanpakken, schrikt een minder vurig iemand af. Vermijd tactloosheid, woede en kinderlijk drama als je je zin niet krijgt.

Wees voorzichtig met het verzinnen van troetelnaampjes voor je partner en houd ze privé. Jullie gaan misschien door naar een volgende relatie, op zoek naar 'die ene'. Bij verveling beginnen de problemen of als een van jullie het bij het kleinste akkevietje al laat afweten. Het kan niet altijd feest zijn. Ware liefde heeft ook een serieuze kant. Loop niet weg voor het werken aan een relatie. Vraag een rijpe vriend om inzicht te geven in je huidige situatie, om zeker te zijn dat je niet naïef bent. Ontwikkel je sociale vaardigheden. Als het jou en/of je partner lukt om iets aan je gewoonten te veranderen, ontstaat er een geweldige relatie. Verander je niet, dan verdoe je te veel tijd aan de verkeerde dingen, beloof je dingen die je niet kunt nakomen en ga je om met de verkeerde lui.

ROZENPRINS
DE AANSTICHTER

RECHTOP: Ja.
De ROZENPRINS heeft een hele nieuwe roos gekweekt en die aan zijn ware liefde gewijd. Hij is een prestatiegerichte jongeman die sensatie aantrekt. Hij is moedig en eerlijk en provoceert graag. Hij steekt zijn nek uit, houdt van de roes van de jacht en valt snel aan om zichzelf op te hitsen. Hij wint graag. Het is zijn neiging om door te gaan naar de volgende verovering zonder een relatie eerst te laten groeien.

Elk moment kun je iemand ontmoeten met de eigenschappen van de ROZENPRINS of moet je die rol zelf gaan spelen. Er zou binnenkort een enthousiaste partner met een open geest kunnen verschijnen. En die brengt frisse energie in je leven, maar kan je ook uitputten met zijn/haar uitdagende gedrag. Deze kaart kan ook aanduiden dat je liefdesleven verbetert door beweging, zoals een reis, promotie of verhuizing. Promotie betekent wellicht publiciteit of zelfs de kick van gunstige roddels – dit kan je relaties goed doen.

Wees niet verlegen of schaam je niet voor wie je bent en waar je vandaan komt. Wees trots op jezelf en je reputatie. Durf een voortrekker te zijn in de keuzes die je maakt. Wees origineel.

Deze kaart is het groene licht voor dingen in je eentje doen. Neem ingecalculeerde risico's in je relatie en analyseer niet te veel waarom en hoe iets werkt. Kijk niet achterom. Het is tijd voor nieuwe, trendy dingen en ga om met nieuwe, stimulerende mensen.

ONDERSTEBOVEN: Misschien.
De ROZENPRINS heeft zijn gekoesterde bloem te vaak overgeplant en is nu bang dat hij doodgaat. Deze kaart ondersteboven geeft aan dat je moet oppassen om niet iemand 'voor zijn eigen bestwil' te willen veranderen. De ander is niet te veranderen – het is al knap lastig jezelf te veranderen!

Jouw toekomstplannen en die van je partner zien er niet hetzelfde uit. Het komt er nu op aan dingen te forceren, vooral een reis, een verhuizing of verbetering van je positie. Zeker verhuizen kan een hoop irritatie en geruzie geven met vrienden en familie. Houd je kalm als een jonger iemand in jouw buurt gaat snoeven, ruziën of ander irrationeel gedrag vertoont.

Voel je je verveeld en heb je behoefte aan meer passie of avontuur in je liefdesleven, dan zou er iemand kunnen opduiken die je helemaal hoteldebotel maakt. Vermaak je, maar verwacht niet te veel terug. Maak het niet te snel aan, vooral niet met een dwingeland die jou aantrekt met zijn vurige hartstocht. Hij zou weleens een hartenbreker kunnen zijn.

Dit is niet de beste tijd om een partner duidelijk te maken dat er aan je relatie gewerkt moet worden. Er zou iets lelijks boven kunnen komen drijven dat blijvende negatieve gevolgen heeft, vooral lang ingehouden, halfbakken dingen die er ineens uitfloepen en die je meteen betreurt. Houd gedachten en ambities voor jezelf nu, anders zullen rotopmerkingen je reputatie schaden.

RECHTOP: Ja.
De ROZENKONINGIN is even bedreven in het mensen naar zich toehalen en in het sturen van de hofintriges als de spinnen die ter ere van haar een ruitvormig web hebben gesponnen. Ze is magnetisch en creatief. Ze kent iedereen en alle geheimen en weet informatie te gebruiken om dingen voor elkaar te krijgen. Ze is populair en zeer onafhankelijk.

Wanneer je dit ook nastreeft en/of iemand tegenkomt met haar energie en eigenschappen, liggen er kansen voor een actief sociaal leven. Ze is eigenzinnig en houdt van opwinding en aandacht. Ze wil steeds nieuwe mensen ontmoeten en ze trekt je met zich mee. Heeft ze een partner, dan trekt ze aan hem en jut hem op om meer lol te beleven. Ze is vrolijk en mensen in haar buurt voelen de warmte, liefde en humor van haar zonnige natuur. Ze kan slopend zijn met haar overvolle agenda en houding van alles kunnen.

Voel je geïnspireerd en je boezemt vertrouwen in. Dwing jezelf om positief en zelfverzekerd te zijn. Gedraag je als een vorstelijk iemand. Gebruik je connecties om dingen voor elkaar te krijgen. Wees trouw aan je overtuigingen over de ware liefde en ze zullen concreet worden.

Por je romantische leven wat op door gezelliger te zijn. Feestjes en andere leuke gelegenheden doen je goed. Zoek naar een project dat jou stimuleert – en je zult gelijkgestemden treffen. Inspireer met je elan en vitaliteit. Zit niet in over wat anderen denken.

ONDERSTEBOVEN: Misschien.
De ROZENKONINGIN zit verstrikt in het spinnenweb van haar tuin, ook al wist ze dat ze er waren en dacht ze er niet in te zullen trappen. Ze is afhankelijk geworden van anderen en kan zich er in haar eentje niet uit redden.

Ofwel je komt iemand tegen die op het gebied van liefde en seksuele verhouding onzeker of onverantwoordelijk is, ofwel je moet onder ogen zien dat jij je zo gedraagt of hebt gedragen. Misschien komt deze persoon wel sexy, charismatisch en zelfverzekerd over, maar voelt hij/zij zich vanbinnen machteloos en gefrustreerd. Het kan er van de buitenkant allemaal sterk uitzien, maar eigenlijk voelt hij/zij zich ellendig over een ongelukkige liefde en wekt woede en jaloezie door te gaan concurreren en confronteren.

Deze persoon wordt graag als een autoriteit gezien. Maar een goed leider houdt rekening met de behoeften van anderen. Gebruik je charisma en leiderschapskwaliteiten niet alleen voor je eigenbelang. Zo vind je geen ware liefde.

Een situatie, een zaak of creatief project komt op je pad en het loopt uit op competitie of machtsstrijd. Je rivaal kan de vorm aannemen van een narcist of een meerwaardigheidscomplex hebben, maar hij/zij is bang voor zijn/haar eigen schaduw. Misschien voel je je door een geliefde gepusht om meer na te streven dan je nu wilt. Het kan je gaan tegenstaan dat hij/zij jouw elan of ambitie niet genoeg vindt.

ROZENKONING
DE MOTIVATOR

RECHTOP: Ja.
DE ROZENKONING lijkt afgeleid. Maar de donkere takken die vanachter zijn kroon verschijnen, symboliseren dat hij zijn koninkrijk heeft verdiend door de wijze waarop hij gelijktijdig meerdere projecten wist te leiden.

Je gaat binnenkort iemand ontmoeten met de eigenschappen van de ROZENKONING of je moet deze zelf gaan tentoonspreiden. Hij is echt volwassen, zonder het geklaag, de spijt en traagheid van zijn leeftijd. Het is een persoonlijkheid – goedmoedig en zeer geïnteresseerd in anderen – al is hij niet erg intellectueel. Het is een doener, geen denker. Hij weet te motiveren en door zijn controle, vertrouwen en integriteit neem je zijn meningen aan. Hij is het gewend om een leider te zijn en aan de touwtjes te trekken.

Wees een groot koning en denk na over je eigen sterke en zwakke punten, confronteer jezelf ermee. Zie je ze eenmaal duidelijk, dan kun je van deze zelfkennis profiteren. Een wetenschappelijke, exacte aanpak werkt het beste. Stel een gedetailleerd plan op, een soort kaart van alle relatiekwesties die in jou situatie spelen. En zet je passie en vastberadenheid in om je zin door te drijven.

Er zal loyaliteit zijn nu en die van jou zal beloond worden. Jij maakt je droom van de ware liefde waar, en wel heel binnenkort. Verliefd worden gaat nu vanzelf, omdat deze dynamische persoon de deur opent naar allerlei kansen op een betere situatie dan die van voorheen.

ONDERSTEBOVEN: Misschien.
DE ROZENKONING ondersteboven is afgeleid. Zijn kroon blijft haken in de donkere takken achter hem. Dit symboliseert dat hij zijn koninkrijk niet goed weet te besturen vanwege de vele projecten die tegelijkertijd lopen.

Let erop niet te gokken of te veel hooi op je te nemen – je kunt verliezen. Je gaat hoogstwaarschijnlijk een dominant persoon tegenkomen, die absoluut overtuigd is van zijn/haar gelijk – zorg dat jij het niet bent. We hebben hier iemand die graag alleen maar over zichzelf praat. Hij kan grof zijn. Je moet zien klaar te komen met gemeenheid, bekrompenheid en vulgariteit. De tederheid waarnaar je hunkert in een relatie kan ver weg zijn.

Deze kaart ondersteboven duidt op ontrouw en iemand met meerdere relaties. Een egoprobleem of spirituele trots, in jezelf of een ander, kan de ware liefde verhinderen. Hoed je voor de neiging om macht op te geven, omdat dit 'spiritueel' zou zijn of omdat die ander het wil. Beide zijn ongezond.

Misschien ben je onder de indruk van iemand die alles lijkt mee te zitten, maar eigenlijk in slechte doen is. Hij/zij is niet bereid iets met je aan te gaan op een manier die jij graag wilt en kan of wil zich niet totaal geven aan een relatie. DE ROZENKONING ondersteboven kan ook betekenen dat conflicten over politiek, sport, amusement en gebruik van technologie je relatie verstoren.

ROZEN AAS
PASSIE

RECHTOP: Ja!
Er is een opwindende doorbraak in persoonlijke relaties, misschien wel een nieuwe kans op romantiek! Een van jullie ziet de ander als 'die ene!'. Jij en (of) degene die je een vuurtje geeft, zijn positief, vol zelfvertrouwen, en hebben een teder en sexy gevoel. Er zijn nieuwe vooruitzichten op verbetering in een bestaande relatie. Dit is een tijd van initiatief en originaliteit. Ga af op je eerste impulsen en indrukken. Doe de eerste stap. Flirt! Als het goed voelt, sein je wensen dan over naar een speciaal iemand. Houd je niet terug. Je wordt beloond als je nieuwe vrienden maakt of een bestaande relatie helpt.

ONDERSTEBOVEN: Ja.
Er wordt een begin gemaakt, maar het loopt niet lekker. Iemand waar jij niet zo op valt is misschien al te geïnteresseerd in jou. Of het brengt je in verlegenheid dat je te ver en te snel gaat met iemand die niet op jou valt. Een nieuw begin of doorbraak in een relatie krijgt geen kans door een gebrek aan vertrouwen, eerlijkheid of misschien gewoon energie. Er zijn meer intimiteit, passie en kleine blijken van genegenheid nodig. Er moet meer vertrouwen komen, anders volgt er frustratie en getob. Trek niet al te snel conclusies of sla niet door. Met het vingertje wijzen kan uitlopen op een emotionele inzinking.

ROZEN TWEE
TWEESPRONG

RECHTOP: Ja en nee.
Er is sprake van een keerpunt, maar je bent in een sterke positie. Je kunt een relatie aangaan, er een verbreken of hem van iemand afpakken. Maar neem eerst een pauze. Planning is belangrijker nu dan actie ondernemen. Denk na over waar je nu bent, waar je bent geweest, waar je heen wilt en met wie. Iemand heeft dubbele gevoelens over zijn of haar partner of denkt misschien op twee mensen verliefd te zijn. Ben jij dit, neem dan geen beslissing. Houd beide relaties aan. Stel je in op intieme gesprekken over binding en seksuele relaties en je hoeft je niet druk te maken over ongewilde consequenties.

ONDERSTEBOVEN: Nee en misschien.
Je staat op een tweesprong, dus pas op. Plannen moeten worden aangepast wanneer dingen veranderen. Gebrek aan planning leidt tot wantrouwen en verlies van vertrouwen. Neem niet te veel beslissingen tegelijk. Voorkom dat je gaat verwijten en beschuldigen. Te veel met kritiek komen kan je plannen voor geluk, verzoening of verdieping van een beginnende relatie in de war sturen. Pas op voor het ondernemen van acties die elkaar in de wielen rijden en/of je doel voorbijstreven. Wees niet verstrooid of ambivalent. Een slechte planning kan tot veel chaos leiden.

ROZEN DRIE
KANSEN

RECHTOP: Ja!
Sta jezelf toe om je gelukkig en optimistisch te voelen, met of zonder reden. Probeer open, ongeremd en avontuurlijk te zijn, zelfs al ben je verlegen. Gebruik je connecties, je netwerk en vraag om een wederdienst. Je moet je bewuster worden van je kansen om je liefdesleven en/of relaties te verbeteren. Veel meer mensen voelen zich tot jou aangetrokken dan jij in de gaten hebt. Iemand gaat wellicht weg bij een ander om met jou te zijn en dit pakt goed uit. Misschien zijn er kansen op romantiek met iemand bij wie je daar nooit aan hebt gedacht. Misschien moet je wel meer dan een relatie in evenwicht zien te houden!

ONDERSTEBOVEN: Ja.
Een geweldige kans wordt wellicht gemist of verspeeld. Een bestaande partner of een nieuw iemand wordt niet genoeg gewaardeerd of zelfs helemaal over het hoofd gezien. Wees trouw aan een partner die dit waard is. Als je in een driehoeksverhouding terechtkomt, zal het niet goed gaan. Stel je partner boven je vrienden, familie of zelfs kinderen, of betaal de prijs. Meer inzicht in de wereld en de mensen voorkomt misstappen. Wees niet passief. Gebruik de dag. Er komt geen snelle of gemakkelijke oplossing. Verdoe je tijd niet met mensen die geen verantwoording voor hun eigen daden nemen – zorg dat jij het niet bent!

ROZEN VIER
RESPECT

RECHTOP: Ja!
Deze kaart duidt op een lang en gelukkig huwelijk. Een bestaande relatie of een die je wilt gaan beginnen is een lang leven beschoren, waarin liefde, dankbaarheid en respect van beide kanten komen. Deze kaart is een goed teken voor een huwelijk of verloving. Hij kan ook betekenen dat er een belangrijke datum aankomt. Bij de resultaten waarvoor je hard gewerkt hebt, horen passende woorden, cadeautjes en andere blijken van waardering. Ben je niet klaar voor een huwelijk, geef dan een feest of deel je succes op een andere manier met je dierbaren.

ONDERSTEBOVEN: Ja.
Probeer niet meer vaart in je relatie te krijgen dan zou moeten. Praat liever niet over je leven samen delen. Je kunt beter werken aan vriendschap en een positievere houding. Er is te veel angst voor de toekomst. Dwangmatig gedrag kan vertrouwen en binding belemmeren. Vijandigheid kan je afhouden van het doorzetten van een belangrijke koersverandering. Het kan lijken alsof je harde werken aan een relatie niet loont. Vrienden van wie je verwacht dat ze het voor jou opnemen, doen dit misschien niet. Ga de situatie niet over-analyseren. Laat de wrok in je binnenste los en zet je aan het werk.

ROZEN VIJF
CONCURRENTIE

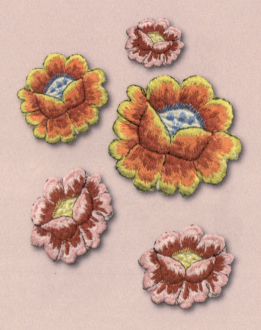

RECHTOP: Misschien.
Tactvol en behoedzaam zijn in plaats van confronterend is de beste manier om een betere communicatie en grotere intimiteit in je relatie te bereiken. Wel moet je het feit onder ogen zien dat je met iemand aan het concurreren bent in je zoektocht naar liefde. Door dit te overwinnen ga je ervaren wat teamwerk in wezen betekent en vergt. Respecteer je tegenstander, maar kom op voor jouw standpunt. Weiger het slachtoffer te zijn door je meningen duidelijk kenbaar te maken. Misschien speelt hier controle een rol, laat daarom een ruzietje niet ontaarden in een verwoede concurrentiestrijd. Probeer geduldig en gecentreerd te blijven, ook al vermoed je verraad.

ONDERSTEBOVEN: Nee.
De concurrentie is nogal pittig en misschien dat je nu niet bestand bent tegen de sterke krachten die tegen jou zijn. Roddel, jaloezie of botheid kunnen je aanzetten tot een conflict dat je later betreurt. Een misverstand kan je zelfwaardering omlaag halen. Iemands onkiese acties kunnen bij jou opgekropte emoties losmaken. Let erop je niet van streek te laten maken door onenigheid over iets kleins. Probeer niet vanuit frustratie, woede, haat en vooroordeel te handelen. Vermoed je ontrouw, pauzeer dan even voor je een confrontatie aangaat, want de informatie waarop jij je baseert zou weleens onwaar kunnen zijn.

ROZEN ZES
OVERWINNING

RECHTOP: Ja!
Overwinning! Je bent een winnaar! Als je vraag over een ander gaat: hij/zij is geweldig! Je overwinning zal langer duren als je echt wilt wat je najaagt. Deel je succes met een dierbare en maak je op voor de volgende uitbarsting van glorie. Dit zou weleens een groot feest of een viering kunnen zijn. Jij staat in de spots, dus beleef deze gelukkige tijd ten volle. Je voelt je charismatisch en klaar voor belangrijke beslissingen over je toekomst, maar bedenk wel dat andere betrokkenen zich misschien minder waard voelen. Heb oog voor hun gevoelens en weet dat jouw weg naar het succes een zorgzamer persoon van jou heeft gemaakt.

ONDERSTEBOVEN: Ja.
Misschien krijg je niet wat je denkt nodig te hebben of nu wilt dat er gebeurt. Er komt een terugslag als je enkel aan jezelf hebt gedacht. Door na te denken over eerdere verliezen leer je je voor te bereiden op toekomstige beproevingen. Misschien probeert iemand je te vleien of te manipuleren om bij je in de gunst te komen, dus let op huichelaars. Het kan zijn dat je je zo afhankelijk voelt van een ander dat je denkt niet zelf op eigen benen te kunnen staan. Sta niet toe dat je hierdoor iets doet wat is gebaseerd op een oud patroon van zelfondermijnend gedrag.

ROZEN ZEVEN
MOED

RECHTOP: Ja!
Jij en/of je partner zullen ware heldenmoed vertonen! Er zal genoeg moed zijn om angsten te overwinnen en de ware liefde te creëren. Je moet liefdevol proberen te verwoorden wat je wilt van een relatie. Je hebt nu een belangrijke en noodzakelijke daad te stellen om te weten wat echte moed is. Je geeft je grenzen aan, maar kom dan wel achter je verdedigingslinie vandaan en ga ondanks je angsten op je doel af. Gebruik je creatieve energieën om conflicten op te lossen. Geduld opbrengen ten aanzien van problemen loont de moeite. Wees niet bang om voor jezelf op te komen. Sluit geen compromis, weifel niet en geef niet op.

ONDERSTEBOVEN: Misschien.
Je moet alle moed bijeenrapen om vooruit te gaan. Misschien zul je moeten vechten tegen je neiging om iemand, een relatie of een droom eraan te geven. Bindingsangst is nu je grootste tegenstander. Helemaal van de kaart, kruip je misschien liever in je schulp dan met je gekwetstheid en verlatingsangst om te gaan. Wees bereid iets helemaal alleen te doen, als het moet. Kom nu niet te veel op voor jezelf, anders leiden je acties tot een genante situatie. Defensief gedrag tegenover degene van wie je houdt geeft alleen maar meer verwarring. Als het er heftig aan toegaat, heb je misschien niet het vertrouwen om de dingen snel weer recht te trekken.

ROZEN ACHT
SIGNALEN

RECHTOP: Ja!
De energie en liefde die je hebt laten zien, komen naar je terug op een heel positieve manier. Iemand zegt dat hij van je houdt, of andersom. Een prachtige liefdesaffaire begint, wordt vaster of verbetert via de computer, e-mail, telefoon, een brief of een ander communicatiemiddel. Misschien voel je je heel erg afgestemd op een geweldig iemand. Is dit zo, onderneem dan iets en maak volkomen duidelijk waar je op uit bent. Let op tekens en symbolen – dus ook op lichaamstaal – ze zijn even belangrijk als woorden. Maak nu plannen en niet later. Deel elkaars leven op een unieke wijze en laat je door je gelukzaligheid leiden.

ONDERSTEBOVEN: Ja.
Communicatieproblemen kunnen je liefdesleven belemmeren. Je intenties kunnen verkeerd opgevat worden. Plannen en richtingen die je wilt nemen, lopen fout. Boodschappen van liefde, romantiek en waardering blijven uit. Je mist contacten – computerproblemen zorgen ervoor dat je e-mails kwijtraakt, het antwoordapparaat gaat stuk, telefoontjes of brieven komen niet door en blijven onbeantwoord. Geheimen kunnen uitlekken of zijn niet actueel meer om nog effect te hebben. Je gaat je afvragen of die ander wel ooit echt om je gegeven heeft of meende wat hij/zij zei. Misschien ben je bang dat je te vanzelfsprekend bent en begin je hem/haar allerlei ingebeelde afwijzingen te verwijten.

ROZEN NEGEN
GEWOONTEN

RECHTOP: Ja.
Om je hunkering naar de ware liefde in een echte, gezonde relatie om te zetten, dat vraagt discipline en gezondheid. Je wilskracht, karakter en lichaam zouden weleens binnenkort beproefd kunnen gaan worden. Alles gaat prima, zolang je maar goed eet, traint en gezond wilt blijven. Vermijd alles en iedereen die afbreuk doet aan je gezond verstand en je fysieke vermogens. Overdrijf niets. Bedwelm jezelf niet, dus vermijd mensen die onder invloed zijn of op een andere manier negatief, en ook gevaarlijke plekken. Ga aan zelfverdediging doen, zodat je jezelf en je geliefde vol vertrouwen durft te verdedigen. Houd je aan je woord en aan je diepste overtuigingen.

ONDERSTEBOVEN: Misschien.
Zelfondermijnende gewoonten bedreigen je relatie. Gebrek aan discipline maakt dat je jezelf voorbijloopt en daarbij lange termijn doelen opoffert voor korte-termijnpleziertjes. Te veel discipline maakt je zo streng dat je je niet kunt aanpassen aan nieuwe inzichten of je behoeften niet erkent. Iemand zal proberen van je te profiteren als jij en/of je partner discipline verliezen of een slaaf van gewoonten worden. Misschien blijf je bij iemand of houd je vast aan een bepaalde koers als het beter is van niet en/of je kunt de druk en eisen niet aan van je relatie. Het kan zijn dat je belangrijke plannen uitstelt of te gemakkelijk opgeeft voor een geliefde.

ROZEN TIEN
STRESS

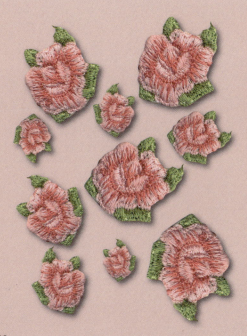

RECHTOP: Nee.
Prima dat je in staat bent om door te zetten en je te concentreren, maar misschien werk je te hard. Dit kan de aandacht en genegenheid die anderen van je verwachten in de weg zitten. Als je de eisen die je werk stelt niet weet te stoppen, probeer dan je energie te sparen en te onthaasten. Als je al te toegewijd bent, wordt alles een last. Neem kleine pauzes en maak elke dag tijd vrij om anderen te laten weten dat je om ze geeft. Misschien voel je je gevangen of ingeperkt, maar stel een beslissing ten aanzien van je relatie uit. Uitputting vertekent ieders oordeelsvermogen.

ONDERSTEBOVEN: Nee!
Je zult stressvolle omstandigheden meemaken. Door overwerk en verantwoordelijkheden loop je helemaal leeg en kun je niet meer helder nadenken. Stel je doelen scherp, anders wordt het moeilijk om de zware last die op je schouders rust, te torsen. Je geeft je te veel aan iets en dit leidt bij jou gemakkelijk tot paniekerig afreageren. Het is nu een goede tijd om het met een counselor over alles waaronder je gebukt gaat te praten, want misschien verwacht je wel te veel van jezelf. Er speelt een oud patroon mee van te streng, te controlerend of onbuigzaam zijn en dit patroon heeft een aantal van je relaties negatief beïnvloed. Houd contact met degenen om wie je geeft.

DE
KLEUR VAN VLEUGELEN

VLEUGELENPRINSES
DE BOODSCHAPPER

RECHTOP: Misschien.
De VLEUGELENPRINSES rechtop is een engel, een woord dat komt van het Griekse woord voor 'boodschapper'. De vogel en vlinder die bij haar zijn, hebben ook vleugels waarmee ze de boodschap van vrede en schoonheid wijd en zijd verbreiden. Haar zittende houding en verre blik symboliseren dat ze met jou over je toekomst wil gaan praten.

Je zult een jeugdig, intelligent, flexibel iemand ontmoeten die goed is in communiceren, of zelf zul je die kwaliteiten tentoonspreiden. Het doel hiervan is een bestaande of toekomstige partner te helpen en jij leert beter focussen en inzicht krijgen in waardevolle, zinvolle ideeën en welke kant je ermee uit moet. Je zult tal van interesses delen en samen urenlang praten en bomen. Misschien doe je onderzoek voor of met deze persoon. Het kan zijn dat je samen in boeken, colleges, op het internet of op reizen bepaalde dingen onderzoekt. Misschien tref je een partner via het internet of via een belezen en/of communicatief ingestelde vriend.

Informatie zal je leven veranderen. Naarmate je je oorspronkelijke ideeën meer gaat waarderen, ga je ze misschien ook in praktijk brengen. Jij en/of je partner zijn in staat om de sterke en zwakke punten in mensen, ideeën en ontwerpen te zien. Een van jullie zou een professionele schrijver, communicatiedeskundige of counselor kunnen zijn of worden. Misschien raak je wel helemaal romantisch van intellectuele stimulans. Houd een dagboek bij of schrijf autobiografische verhalen.

ONDERSTEBOVEN: Misschien.
De VLEUGELENPRINSES is een engel, maar ze heeft niet geleerd om haar eigen vleugels goed te gebruiken. Ze fladdert er mee rond, maar komt nergens en maakt haar vogel en vlinder van streek, die haar vervolgens uit de weg gaan.

Let op als je iemand ontmoet die er kinderlijk, slordig of buitenissig uitziet, of zo denkt of communiceert – en zorg dat je het zelf niet bent. Informatie, ideeën en abstracte theorieën zouden door elkaar kunnen gaan lopen en niet meer kunnen kloppen, mogelijk vanwege een intelligent jong iemand die niet helemaal gefocust is – nogmaals: ben jij dit? Deze persoon haalt zich problemen op het lijf door de waarheid mooier voor te stellen en de mond voorbij te praten. Mensen in je directe omgeving worden als medeplichtigen gezien.

Het kan heel wel zijn dat jouw woorden en/of die van je partner tot een spitsvondige schermutseling leiden, met elkaar of met anderen. Misschien legt iemand de signalen van een ander verkeerd uit en denkt dat die ander verkering wil, terwijl het eigenlijk maar om plagerij gaat. Je helderheid wordt op de proef gesteld. Roddel, privacy, discretie en een jong iemand met een grote mond kunnen je weer gaan achtervolgen.

Iemand in je omgeving kan een idealist zijn, waardoor hij/zij ook onverdraagzaam en afkeurend kan overkomen. Deze persoon mist de warmte om te kunnen lachen om kleinigheden en bekritiseert jou en je politieke of spirituele overtuigingen.

VLEUGELENPRINS
DE UITDAGER

RECHTOP: Misschien.
De VLEUGELENPRINS staat in meer dan één opzicht rechtop. Hij beent met grote stappen door zijn vaders koninkrijk, met getrokken zwaard om het land en alle inwoners te verdedigen, zijn vrienden de vlinders en vogels inbegrepen. Deze kaart staat voor iemand met sterke overtuigingen, die zo stellig zijn dat hij ervoor wil vechten en zichzelf opofferen.

Je staat op het punt iemand te ontmoeten met de eigenschappen van de VLEUGELENPRINS, of zult deze zelf tentoon moeten gaan spreiden. Er worden strenge maatregelen getroffen om ideeën en idealen te verwezenlijken. Een eigenaardig iemand met een geest die altijd probeert verder te kijken en te groeien, zal opwindend en aantrekkelijk zijn. Hij/zij is slim, uitgesproken en op de hoogte van actuele zaken, van de beurs en zelfs van de popcultuur. Het is iemand die alles verslindt, van data tot triviale dingetjes, en voortdurend onderhoudend is en een grote bron van informatie. Ook het streven naar inzicht en analytisch vermogen geeft jou en/of je partner een kick.

Denk niet aan een langetermijnverbintenis. Kijk opnieuw naar je ideeën over relaties. Je volgende stap zal weldra duidelijk worden. Om in de liefde en in je carrière te slagen is het cruciaal dat je iemand liefhebt om zijn geest, niet om zijn geld of uiterlijk. Deze prins kan je helpen contact te maken met wat voor jouw hoogste geluk het beste is. Haast is niet nodig nu, ook al neig je daar gemakkelijk toe. Overdenk de dingen meer en je bereikt je doelen.

ONDERSTEBOVEN: Nee.
De VLEUGELENPRINS ondersteboven streeft naar rechtschapenheid, maar zijn jeugdige wens om gelijk te hebben is sterker dan zijn verlangen naar harmonie met degenen die hij probeert te helpen met zijn dwingende ideeën. Hij trekt met grote stappen en getrokken zwaard door zijn vaders koninkrijk om het land en zijn inwoners te verdedigen, zijn vrienden de vlinders en vogels inbegrepen. Maar het eindigt ermee dat hij ze opzij duwt en zichzelf verwondt met zijn zwaard. Ondersteboven symboliseert deze kaart iemand met stellige overtuigingen, die hem zo aan het hart gaan dat hij ervoor wil vechten en zichzelf opofferen. Het probleem is dat ze alle narigheden die dit oplevert niet waard zijn – er kunnen gewonden vallen.

Je staat op het punt iemand te ontmoeten met de eigenschappen van de VLEUGELENPRINS, of zult deze zelf tentoon moeten gaan spreiden. Als je enkel fantaseert, maar de tijd niet neemt om iets te doen aan je vaardigheden, vernuft, zelfwaardering, frustratie en defensieve houding, ga je daar last van krijgen. Laat je niet tot een ruzie verleiden – deze keer win je het niet, zelfs al houden jij en/of je tegenstander wel van flink bekvechten. Deze persoon test je graag uit en speelt kat en muis. Misschien loopt het hoog op tussen jullie en wordt het een steekspel met woorden.

Misschien vecht je over incompetentie of neem je de frustraties van het werk mee naar huis, waardoor familieleden zich abnormaal gaan gedragen. Hoed je voor een destructieve neiging om in de ban te raken van agressieve of anderszins excentrieke types.

VLEUGELENKONINGIN
DE ANALYTICUS

RECHTOP: Misschien.
De ongetrouwde VLEUGELENKONINGIN rechtop heeft de engelenvleugels uit haar prinsessentijd afgeworpen. De kale boom achter haar symboliseert dat niets in de wereld eeuwig duurt. De vlinder op haar voorhoofd geeft aan dat gebeurtenissen in haar leven haar gedachteprocessen hebben getransformeerd.

Wanneer je iemand met haar eigenschappen probeert te zijn en/of met zo iemand contact hebt, is de behoefte om je onafhankelijk en autonoom te voelen enorm. Zo niet, dan ben je alleen beter af. Deze kaart kan aangeven dat jij en/of je partner gescheiden zijn of waren, weduwe/weduwnaar of bewust single zijn en enkel met een relatie willen doorgaan die eerlijk en direct is en van inzicht in het leven getuigt, niet met een relatie die vertroebeld wordt door sentimentaliteit of bijgeloof. Om zo iemand tegen te komen, moet je je laten leiden door je hoofd en niet door je hart. Wees recht door zee. Geef uiting aan je inzicht in het leven en zijn beproevingen. Heb je afgezien, dan kan ironie het ongemak verlichten.

Misschien ontmoet je of ken je persoonlijk al iemand die precies en pietluttig is en niet tegen wanorde kan. Hij/zij is een gezellige prater en kan goed luisteren en wijze raad geven en je ook nog laten lachen. Maar op relatiegebied is hij/zij ook gewiekst en berekenend en stellig over wat juist en onjuist is. De wonden van het leven hebben hem/haar emotioneel intelligent gemaakt en tot een goed counselor en mentor gemaakt.

ONDERSTEBOVEN: Nee.
De ongetrouwde VLEUGELENKONINGIN ondersteboven zijn de engelenvleugels uit haar prinsessentijd ontnomen, want ze misbruikte ze. De boom achter haar staat op zijn kop. De takken lijken wel wortels. Dit geeft aan dat onvruchtbaarheid een belangrijk punt is in het huidige leven van de koningin. Ze lijkt de vlinder op haar voorhoofd plat te slaan, wat betekent dat ze zich verzet tegen transformatie en tegen de schoonheid die dit in haar leven kan brengen.

Wanneer je iemand met de eigenschappen van de vleugelenkoningin probeert te zijn en/of er contact mee wilt maken, bestaat het risico dat een van jullie, of jullie beide, zich totaal onafhankelijk en autonoom wil voelen. Dit kan de beste relatie verpesten. Zie onder ogen dat als jij of je partner zich totaal verzet tegen het idee van positieve verandering, je beter af bent in je eentje. Deze kaart kan erop duiden dat jij, je partner, of jullie beide gescheiden zijn of waren, weduwe/weduwnaar of bewust single zijn en zich daar prettig bij voelen. Daarom is er angst voor de veranderingen die een relatie met zich meebrengt.

Voor de eigenschappen eerlijkheid en directheid hoef je niet de lieve, sentimentele en spirituele kant van het leven uit de weg te gaan of te bestrijden. Opgekropte bitterheid kan omslaan in kwaadwillige minachting voor andermans gevoelens. Pas op dat door eenzaamheid je kracht niet omslaat in strengheid, tactloosheid of tuttigheid. Stop met een relatie als er geen humor of geestelijke stimulans is. Ga geen relatie aan waarin de een of jullie beide de ander voor zijn/haar eigen bestwil naar de hand wil zetten.

VLEUGELENKONING
DE DESKUNDIGE

RECHTOP: Ja.
De VLEUGELENKONING rechtop is zelfs nog rechtschapener dan zijn zoon, de prins. Hij is een pijler van zijn gemeenschap en heeft zijn hoge intelligentie en legendarische wijsheid gebruikt om de wetten op te stellen en te bekrachtigen. Hij mijdt een kroon, want die is hem te pretentieus. Hij draagt een hoed versierd met souvenirs van zijn diplomatieke missies naar andere rijken.

Jij gaat binnenkort iemand ontmoeten met de eigenschappen van de VLEUGELENKONING of je zult zelf zo iemand zijn. Dit is een persoon die met wetten weet om te gaan – zowel natuurlijke als door de mens gemaakte – en die diplomatie, geschiedenis, gezond verstand en een brede kennis van de menselijke natuur inzet om iets op te lossen of door te drukken. Maar hij bezit ook de wijsheid om te zien wat het beste is. Opleiding en filosofische kennis zijn belangrijk, maar zomaar een beetje denken en dromen ook.

Wanneer mensen al te emotioneel worden is hij assertief, blijft gefocust en stuurt aan. Relaties liggen hem. Het oordeel van een partner wordt gewaardeerd en geprezen, ook al doet hij dit koeltjes of zelfs bewust, alsof hij een waardige tegenstander in het debat tegenover zich heeft. Toch is zo iemand moeilijk te weerstaan. Jullie zijn allebei vrijdenkers, zitten op dezelfde golflengte en delen je scherpe filosofische inzichten met elkaar. Er is duidelijk chemie tussen jullie. Een snelle geest en een zekere volwassen autoriteit zijn heel aanlokkelijke trekjes. Wanneer de VLEUGELENKONING rechtop verschijnt, stel je dan in op een partner die even geweldig is als leraar of als minnaar.

ONDERSTEBOVEN: Misschien.
De VLEUGELENKONING rechtop is rechtschapener dan zijn gedreven zoon, de prins. Zijn imago als pijler van zijn gemeenschap ervaart hij als een last en zijn gezicht en communicatie beginnen de sporen van inspanning en stress te vertonen. Hij lijkt nogal te botsen. Zijn hoge intelligentie strookt niet met zijn legendarische wijsheid inzake de interpretatie en bekrachtiging van zijn wetten, zowel publiek als binnen de eigen familie. Hij is overbezorgd wat anderen denken en politieke correctheid bemoeilijkt zijn leven.

Je gaat weldra iemand ontmoeten die jouw manier van doen gaat veranderen, of je moet zelf iets gaan veranderen als blijkt dat jij iemand bent met de eigenschappen van de VLEUGELENKONING ondersteboven. Opleiding en filosofische kennis zijn belangrijk, maar je onderschat misschien de creatieve oplossingen die ontstaan wanneer je zomaar een beetje denkt en droomt.

Deze persoon kan uit gewoonte heel verveeld assertief en controlerend zijn. Misschien dienen relaties alleen om iets op te houden. Hij/zij kan een ongelukkige scheiding achter de rug hebben of een mislukte zakelijke onderneming. Het kan zijn dat het oordeel van een partner niet gewaardeerd of geprezen wordt.

Soms wijst deze kaart erop dat je worstelt met een belangrijke beslissing, waar je maar niet uitkomt. Jij of iemand met wie je te maken hebt, kan unfair en te kritisch of arrogant blijken te zijn over dingen die jij verdient. Een van jullie of jullie allebei zitten wellicht te veel in het hoofd en slaan geen acht op je gezondheid of fysieke behoeften.

VLEUGELEN AAS
TRIOMF

RECHTOP: Ja!
Jij hebt het juiste idee! Richt je leven erop in en je zult precies het soort relatie krijgen dat je wilt (zolang je niet te obsessief wordt!). Blijf denken zoals je deed. Stel de belangrijke vragen van iedereen, vooral van jezelf. Zet je langetermijndoelen en hoofdprincipes in om alles uit je relaties te halen wat erin zit. Je hebt er het inzicht, de wijsheid en de wilskracht voor. Lees een goed zelfhulpboek en je krijgt een geweldig nieuw idee. Het unieke doel van jouw leven zou weleens helder kunnen worden als glas.

ONDERSTEBOVEN: Misschien.
Blind een idee, plan, persoon volgen – zelfs als deze goed zijn – geeft problemen als je nieuwe informatie niet meeneemt in je beslissingen. Informatie of intelligentie als wapen gebruiken om dingen naar de hand te zetten, werkt averechts. Leugens, vijandigheid en onwetendheid maken de echte communicatie die voor de ware liefde nodig is, onmogelijk. Overvraag je een ander, reken dan op ontevredenheid. Een spirituele beoefening of persoon afkappen, zorgt voor ongerustheid. Bang zijn dat jij en/of je partner een beproeving niet doorstaan, maakt dat dit ook zo zal gaan. Twijfel je of je jezelf wel of niet moet uitspreken, zwijg dan.

VLEUGELEN TWEE
BALANS

RECHTOP: Misschien.
Uitstel of pauze helpt je zoektocht naar ware liefde. Een nieuwe en andere manier om mensen te ontmoeten zal verbazingwekkend succesvol zijn. Rust en ontspanning zijn belangrijk voor je liefdesleven. Houd werk en spel in balans. Een vakantie kan je helpen de ware liefde te vinden. Praat over alternatieve ideeën en gezichtspunten. Diplomatie en het verlangen naar vrede zullen je relatie nu goed doen. Gelijk hebben is niet zo belangrijk als vriendelijk en teder zijn. Sta jezelf toe om te dromen en naar binnen te keren. Yoga of meditatie beoefenen samen met een partner kan zowel je relatie als je lichaam en geest in harmonie brengen.

ONDERSTEBOVEN: Misschien.
Uitstel kan leiden tot verzuim of afhaken. Er is een echte vakantie nodig, maar die zit er niet in of die valt tegen – droom en werkelijkheid lopen uiteen. Door iets uit de weg te gaan of te aarzelen kun je vastlopen met een geliefde. Als je ontspant in je hoofd en stopt met je druk te maken, kom je wellicht op alternatieve ideeën en gezichtspunten die je relaties evenwichtiger houden – dit kan zelfs zover gaan dat je de ware liefde vindt.
    Gebruik je verstand of je komt in een wankele situatie terecht. Misschien dat een oppervlakkig of misleidend persoon je aan jezelf doet twijfelen.

VLEUGELEN DRIE
VERDRIET

RECHTOP: Nee.
Je moet een oude pijn of gebroken hart aanvaarden. Doe je dit niet, dan zul je nooit een gezonde relatie krijgen. Het is nu het moment niet om je gevoelens opzij te schuiven, maar juist om contact te maken met je pijn en verdriet. Het leven mag dan soms doodellendig zijn, er kan en zal mettertijd genezing komen. Daar zijn geloof, liefde voor jezelf en vriendelijkheid voor nodig. Wees blij dat je jezelf en anderen kunt vergeven. Prijs jezelf voor je uithoudingsvermogen, want dit vergroot ook je vastberadenheid om keuzes te maken die jouw emotionele noden erkennen. Vrede begint wanneer en waar je verwachtingen eindigen.

ONDERSTEBOVEN: Nee.
Je zoektocht naar de ware liefde kan door pijn en verdriet in jezelf of in een ander negatief beïnvloed worden. De schaduwkant van het leven ontkennen kan tot verlies, vijandigheid en ziekte leiden. Je afweer wordt door wanhoop verzwakt en hevig verdriet kan zelfs de beste bedoelingen ondermijnen. Je kunt over grenzen heengaan. Hoed je voor irrationeel gedrag van jezelf of anderen. Misschien wordt jou kilheid verweten of bedilzucht. Misschien voel je je onprettig in de rol van verzorger. Ontberingen bemoeilijken het vinden van geluk nu of het loslaten van je pijn. Zorg dat je professionele hulp krijgt om hiermee om te leren gaan.

VLEUGELEN VIER
PRIVACY

RECHTOP: Misschien.
Het kan je liefdesleven ten goede komen als je je afzondert en de druk en eisen van een actief sociaal leven laat voor wat ze zijn. Breng met je geliefde een rustige tijd door. Vermijd confrontaties. Afstand nemen van pijnlijke relatiekwesties, conflict en afleidingen helpt je van stress en ongerustheid af. Ga terug naar je midden door naar binnen te kijken. Wil je echt veranderen, mediteer of bid dan dagelijks. Luister naar je innerlijke stem. Leer inzicht krijgen in wie je nu bent en met wie je iets aan wilt gaan of niet. Als je hunkert naar liefde, vind je die het beste op rustige, helende plekken en bij prettige, spirituele mensen.

ONDERSTEBOVEN: Misschien.
Als je uitziet naar liefde zal ongerustheid, ontstaan door isolement en eenzaamheid, je ervan weerhouden op plekken en in situaties terecht te komen waar je mensen ontmoet. Problemen in een bestaande relatie kunnen liggen aan het feit dat een van jullie, of jullie allebei, je niet echt bindt, omdat de ware liefde weleens ware pijn zou kunnen geven. Misschien voel je je machteloos en niet in staat tot een echte, noodzakelijke verandering, omdat je energie door emotionele schokken is weggelekt. Het kan zijn dat je een nare situatie liever niet wilt loslaten. Toch moet je deze beperkende omstandigheid, al is die tijdelijk, opgeven.

VLEUGELEN VIJF
NEDERLAAG

RECHTOP: Nee.
Wees voorzichtig met wat je wenst in een relatie. Weldra krijg je wat je wilt, maar het ziet ernaar uit dat dit je niet bevredigt en je zelfs op een of andere manier het gevoel geeft verslagen te zijn. Soms weegt winnen niet op tegen de prijs die je ervoor moet betalen. Je leert waardevolle lessen van overgave en nederlaag, maar het eist zijn tol. Het is een ingewikkelde situatie waar meerdere mensen en misschien zelfs familieleden bij betrokken zijn. Een nederlaag is het meest ideale moment om toekomstig succes te zaaien. Maak je behoeften kenbaar. Ga niet het slachtoffer spelen.

ONDERSTEBOVEN: Nee.
Misschien pakt wat je graag wilt en wat je vindt iets anders uit en gaat dit uiteindelijk tegen je eigen belangen in. Het kan zijn dat je een nederlaag te maken krijgt in je eigen situatie of in die van een ander. Misschien ontdek je een pijnlijk geheim. Door spijt over een liefde zit je wellicht met schuldgevoelens. Een manipulatief of gemeen iemand kan het probleem zijn. Als iemands meningen en behoeften worden genegeerd, gaat hij zich zeker een slachtoffer voelen. Hoed je voor gedachteloosheid, pesterij of roddel. Ook al is iemand heel egoïstisch, ga niet beschuldigen, zin niet op wraak.

VLEUGELEN ZES
OVERGANG

RECHTOP: Ja!
Het gaat je lukken! Je hebt zware tijden doorgemaakt en de uitdaging nu is om het van je af te zetten, zodat je zoveel mogelijk profiteert van de gelukkige tijden die jou staan te wachten. Je moet je mening over jezelf veranderen en inzien dat je nu in een veel betere positie verkeert. Je kunt beter onderscheiden en neemt goede beslissingen. De dingen gaan beter. Sta jezelf toe om lol te hebben. Je hebt de storm doorstaan en moet genieten van het moment. Een reisje zou je heel goed doen en kan je in contact brengen met iemand die erg belangrijk voor je wordt.

ONDERSTEBOVEN: Ja.
Een reisje kan uitgesteld worden of tegenvallen. Annuleringen stellen op de proef. De verbetering waarop je hoopt in je relatie of zoektocht naar liefde kan een tijdje uitblijven. Je geduld wordt getest, maar je komt erdoorheen als je je nu instelt op doorzetten en volharden. Dit vergt een positievere houding en/of aanpak, maar iemand is vastgeroest of wil niets doen aan een ongezonde instelling. De visie op jezelf en op het leven in het algemeen moet ook positief veranderen. Met een rustige en gecentreerde benadering kun je de komende problemen het beste aan.

VLEUGELEN ZEVEN
OPPOSITIE

RECHTOP: Nee!
De oppositie die je ontmoet kan in je voordeel werken. Ga er slim en wakker mee om, ook met destructief gedrag of teleurstellend nieuws. Schat het risico in dat je neemt of tegenkomt in relaties door rationeel en behoedzaam te blijven. Gebruik elke truc die je in huis hebt, zonder iets immoreels of onwettigs te doen. Misschien sta je in de verleiding om met iemand te kappen of raak je ontmoedigd door een valse aanname. Een wijze counselor kan jou je zelfgecreëerde problemen helpen zien en negatieve gedragspatronen helpen doorbreken.

ONDERSTEBOVEN: Nee.
Onderschat de enorme oppositie niet die je ontmoet of creëert. Elk middel dat je hebt of kunt lenen om de relatie in kwestie aan te gaan of vast te houden, kan ontoereikend blijken. Zorg er dus voor dat die relatie het waard is om mee door te gaan. Negatieve gedragspatronen bij jezelf of een ander moet je zien aan te pakken. Wees je bewust van vooroordeel, angst en bedrog. Andere betrokkenen kunnen ontwijkend of misleidend zijn en weigeren om hun ware bedoelingen kenbaar te maken. Weer onbetrouwbare mensen uit je leven. Probeer fouten op het moment zelf te corrigeren. Ga niet tegen je eigen belangen in.

VLEUGELEN ACHT
BESLUITELOOSHEID

RECHTOP: Misschien.
Als je een beslissing moet nemen over een mogelijke partner of relatie, informeer dan zo goed mogelijk, maar leg je nog niet vast. In dit geval kan het uitblijven van een beslissing of zelfs van helderheid op een of andere manier in je voordeel werken. Ontspan en probeer het hele plaatje te zien en wat jou voldoening en vastberadenheid zal geven. Geef achterhaalde meningen over een bepaald iemand op. Wees alert in tijden van twijfel en verwarring, maar handel niet meteen. Sta stil bij je onderbuikgevoelens. Keer naar binnen en kijk geduldig naar de antwoorden van je hogere geest. Niemand anders dient voor jou te beslissen.

ONDERSTEBOVEN: Nee.
Besluiteloosheid werkt in dit geval tegen je. Voel je je hopeloos alleen of al te zeer ingeperkt door je relatie, dan zul je een hevige toestand van besluiteloosheid in jezelf of een ander doormaken. Een van jullie is misschien niet in staat zich te binden en echt voor de relatie te gaan, door eenzaamheid of berusting in de situatie. Misschien lukt het niet je los te maken uit een nare situatie met een vriend of geliefde vanwege de eisen die de familie of die persoon stelt of door hun afkeuring. Neem het besluit je niet in te laten met schadelijke personen of je zult je onveilig voelen en onjuiste beslissingen nemen.

VLEUGELEN NEGEN
OBSESSIE

RECHTOP: Nee!
Neem de tijd om een obsessie, die van jou of van een ander, onder ogen te zien en ermee om te leren gaan. Een nieuwe of bestaande relatie kan fout gaan als je een bepaalde uitkomst wilt zien, want daardoor gaan jij of je partner er saaie vaste manieren van denken, praten en doen op nahouden. Het kan ook tot gedachteloosheid, cynisme en al te kritische neigingen leiden. Desillusie ten aanzien van de ware liefde heeft, als je er niets mee doet, dwangmatigheid, paranoia of lichamelijke kwalen ten gevolge. Voldoende slaap en meditatie maken de kans dat je doorslaat in eindeloze twijfels en angsten minder. Door professionele hulp kun je leren er goed mee om te gaan en te genezen.

ONDERSTEBOVEN: Nee!
Angsten en twijfels moeten onder ogen gezien en begrepen worden, anders ontaarden ze in dwangmatig gedrag, paranoia of lichamelijke kwalen. Als een obsessie jou of iemand die op jou gefixeerd is in de greep krijgt, ga dan professionele hulp zoeken. Je richten op vroegere fouten is nutteloos. Onredelijk sceptisch zijn over het vinden van de ware liefde kan tot depressie leiden. De kloof tussen hart en hoofd is te overbruggen door bezig te blijven. Heelheid is uiteindelijk te bereiken, maar misschien moet je daarvoor eerst van het werken aan jezelf een nieuwe obsessie maken.

VLEUGELEN TIEN
MOEILIJKHEID

RECHTOP: Nee.
Dit zijn zware tijden en misschien houden ze nog aan, maar het ergste is achter de rug. Misschien voel je je helemaal leeg. In je relaties heb je een hoop twijfel en onzekerheid doorgemaakt, een 'donkere nacht van de ziel'. Vooral dit allemaal in je eentje moeten ondergaan, is zwaar. Het delen van problemen kan een relatie sterker maken. Samen problemen onder ogen zien, zorgt dat je de wijsheid en het mededogen ontwikkelt om anderen in een crisis bij te staan. De hoop en dromen van voorheen zijn wellicht de bodem ingeslagen, maar er zullen mettertijd nieuwe komen. Als woorden niet kunnen troosten, is het misschien nodig om met zo'n diepe wond en ingrijpend verlies professionele hulp te zoeken.

ONDERSTEBOVEN: Nee.
Je kunt in een situatie belanden, of er al middenin zitten, waarin het allerergste wat maar kan gebeuren met een bestaande of mogelijke geliefde ook gebeurt. Er vloeien tranen en je gelooft bijna niet meer in de ware liefde. De hoop en dromen van het verleden lijken de bodem ingeslagen. Je zit met wroeging en pijn over een verloren of verbroken relatie. Zoek de steun van anderen die hetzelfde hebben doorgemaakt. Gevoelens van wanhoop en/of onbemind en in de steek gelaten zijn kunnen op een diepe depressie wijzen. Professionele hulp is nodig om je hier uit te halen en je weer in de ware liefde te doen geloven.

DE
KLEUR VAN SCHELPEN

SCHELPENPRINSES
DE ROMANTICUS

RECHTOP: Misschien.

De SCHELPENPRINSES rechtop droogt haar lange haar na een duik in de oceaan, symbool van het collectieve onderbewuste van de mensheid. Een zeepaardmannetje, de enige soort waar het mannetje degene is die baart, is haar het wonderlijke nieuws komen brengen dat hij zwanger is. De prinses barst in tranen uit en ziet liefdevolle trots en pijn in het verschiet liggen. Ze vertrouwt haar vriend toe dat ook zij hunkert naar een tedere partner die dol is op kinderen en met wie zij een gezin kan stichten.

Je zult iemand tegenkomen die vanuit het hart handelt en jeugdig en gevoelig is en inlevingsvermogen heeft, of jij zult dit zelf zijn. Dat je een ongeneeslijke romanticus bent, verliefd op de liefde en altijd in voor romantiek, is nu in je voordeel. Misschien voel je je onervaren en niet klaar voor de verantwoordelijkheden van een serieuze relatie, maar probeer het. Maak je tedere gevoelens, intuïties en dromen kenbaar. Lees of schrijf romantische verhalen of gedichten. Jij bent 'zwanger' van romantische ideeën en geïdealiseerde fantasieën en in alle opzichten vruchtbaar. Pas op als je geen kind wilt.

Paranormale intuïties – de jouwe en misschien die van een intuïtieve counselor – stellen je in staat om onbekende wateren te bevaren. Je kunt altijd op je intuïtie terugvallen om relatieproblemen op te lossen – die van jou of van een vriend. Doorlopend leren we liefdeslessen. Je zou weleens aangenaam verrast kunnen worden.

ONDERSTEBOVEN: Nee.

De SCHELPENPRINSES ondersteboven speelt met haar lange haar, bang om de oceaan in te gaan en nat te worden, want daar gaat haar uiterlijk niet op vooruit. Dit staat symbool voor de angst om door emoties, intuïties en paranormaal advies van slag te raken. Een zeepaardmannetje vertelt haar dat hij zwanger is. De prinses huilt van jaloezie, al is het zeepaardje haar vriend.

Je zult een overgevoelige, heftige, jonge vrouw ontmoeten die zich verwarrende, emotionele conflicten op de hals haalt door vanuit het hart te leven, of misschien ben jij dit zelf wel.

Ze smult van droevige verhalen en heeft de neiging om zwerfdieren en romantische partners op te pikken. Ze luistert niet naar wat ze geleerd heeft van haar levenservaring en is als de dood voor de verantwoordelijkheden van een serieuze relatie. Het is lastig voor haar om haar tedere gevoelens, intuïties en dromen uit te spreken zonder erdoor meegesleept te worden. Zwangerschap is iets om voor op te passen – het is nu niet de geschikte tijd.

Ze kan jaloers zijn, want het valt haar tegen dat haar dromen over liefde niet zijn uitgekomen. Ze is idealistisch en geeft haar hart te snel weg. Ze houdt meer van het idee van liefde dan van de werkelijkheid. Ze zit in over haar uiterlijk en gaat helemaal op in de trends van dat moment. Omdat ze te zacht en gevoelig is, kan ze uitgebuit en/of niet serieus genomen worden.

SCHELPENPRINS
DE CHARMEUR

RECHTOP: Misschien.
De SCHELPENPRINS rechtop staat met zijn rug naar ons toe. Dit symboliseert dat hij conventionele denkbeelden over wat juist en netjes is, afwijst. Zijn jachthoorn hangt slap in zijn hand, met de toeter omlaag, wat betekent dat hij niet wil dat zijn route of verblijfplaats bekend wordt.

Je staat op het punt om iemand te ontmoeten met de eigenschappen van de SCHELPENPRINS, of ze in jezelf te gaan verkennen. Misschien lijkt hij grillig, eigenaardig onschuldig of gewoon een flirter, maar in wezen is hij een Don Juan en voor zijn leeftijd zeer bedreven in de liefde. Hij volgt brutaal zijn romantische, sensuele en seksuele impulsen en verkent ze op manieren die de meeste mensen zich niet durven voor te stellen. Hij leeft als een bohémien en dit is aantrekkelijk voor degenen die graag het onbeperkte, doelloze hedonisme romantiseren, maar zelfs de prins zal toegeven dat alles wat je overdrijft gaat vervelen.

Wees charmant voor anderen, ongeacht hun sekse, maar blijf wel op jouw unieke wijze uitdrukking geven aan een romantische, poëtische kijk op het leven. Een grote fantast of provocateur – jij of een ander – zou je kunnen introduceren bij een stel hele aparte mensen die van theater houden. Misschien vind je het leuk om je samen te verdiepen in alternatieve genezing of spiritueel onderricht. De ongewone interesses van je kring zal tot uitnodigingen en nieuwe contacten leiden. Verken je seksualiteit voorzichtig – je komt misschien in de verleiding om flink aan de zwier te gaan. Houd alles geheim voor degenen die daar niet tegen kunnen.

ONDERSTEBOVEN: Misschien.
De SCHELPENPRINS is ondersteboven, met zijn rug naar ons toe. Dit symboliseert dat hij conventionele denkbeelden over wat juist en netjes is niet alleen afwijst, maar ideeën over goed en slecht op zijn kop zet. Zijn jachthoorn raakt de grond. Dit betekent dat hij de meest aardse strevingen op een hoger plan wil brengen, maar zijn gevoel voor richting kwijt is.

Je staat op het punt om iemand te ontmoeten met de eigenschappen van de SCHELPENPRINS, of gaat die in jezelf tegenkomen. Hij kan op een Don Juan lijken, voor zijn leeftijd zeer bedreven in de liefde. Hij volgt brutaal zijn romantische, sensuele en seksuele impulsen en verkent ze op manieren die de meeste mensen zich niet durven voor te stellen, maar in werkelijkheid is zijn lust doorgeslagen en vormt hij een gevaar voor zichzelf en anderen.

Hij leeft als een bohémien, maar dit is een façade – hij is gewoon niet in staat om goed in de wereld te functioneren en doolt door het leven. Zijn buitensporige hedonisme zonder doel verveelt hem nu, net als de mislukkelingen die doorgaan voor zijn vrienden. Dit kan duiden op een persoonlijkheid die naar verslaving neigt. De behoefte aan nog intensere genoegens kan ontaarden in lege beloften en wijnflessen.

Ga voorzichtig om met je seksualiteit en seksuele praktijken. Iemand kan jou met leugens in bed proberen te krijgen. Een ander voelt zich tot hem/haar aangetrokken en er barst jaloezie los. Je komt er misschien achter dat een dierbaar persoon een gigolo is of, erger, een pervers iemand.

SCHELPENKONINGIN
DE INVOELENDE

RECHTOP: Misschien.
De ogen van de SCHELPENKONINGIN rechtop lijken weg te kijken van haar gesprekspartner. Maar als ze ervoor kiest, kan ze met haar paranormale intuïtie iemands ziel en toekomst 'zien'. Ze is een klassiek opgeleide invoelende counselor en weet zichzelf af te schermen voor andermans negativiteit. Ze wordt diep geraakt door alle wezens, maar is doordrongen van het feit dat iedereen uiteindelijk verantwoordelijk is voor wat hij doet met wat het leven voor hem in petto heeft.

Je staat op het punt iemand te ontmoeten met het mededogen van de SCHELPENKONINGIN, of moet dit mededogen zelf gaan tonen. Het is misschien tijd om eens naar een erkende professionele intuïtieve counselor te gaan. Jij en/of een romantische partner moeten je meer inleven in menselijke zwakten, die van jezelf inbegrepen. Wees een schouder om op uit te huilen, maar kom alleen met raad als er speciaal om gevraagd wordt.

Wees vriendelijk en meedogend, de ware spirituele manier van leven. Denk met je hart, niet met je hoofd. Probeer te zien hoe de minder bedeelden met de beproevingen van het leven omgaan. Deel je inzicht in tolerantie en nederigheid. Een gevoelige, intuïtieve dromer die zich laat leiden door zijn/haar dromen kan jou iets leren over genegenheid, vriendelijkheid, vertrouwen en vergiffenis. Diepe gevoelens verwoorden kan lastig zijn, maar de innerlijke emoties van mensen waarnemen is te leren, misschien door channeling van paranormale inzichten. Astrologie, bovennatuurlijke, telepathische verschijnselen en andere oude wijsheid onderzoeken, zal de ware liefde in je leven brengen.

ONDERSTEBOVEN: Misschien.
De ogen van de SCHELPENKONINGIN ondersteboven kijken weg, omdat ze direct contact met de realiteit van een ander niet verdraagt – die van haarzelf is al moeilijk genoeg. Ze heeft geen grip op haar paranormale vermogen om iemands leven, ziel en toekomst te 'zien' en voelt zich overweldigd door haar gave. Ze heeft niet geleerd om zich af te schermen voor andermans negativiteit. Ze wordt diep geraakt door alle wezens en wil ze 'redden' van narigheid, waardoor zij juist vaak hun zelfdestructieve daden mogelijk maakt.

Je gaat weldra iemand ontmoeten met de eigenschappen van de SCHELPENKONINGIN ondersteboven, of je moet eens nagaan of jijzelf zo iemand bent. Jij en/of je romantische partner moeten hoognodig ophouden slaaf te zijn van elkaars slechte gewoonten of van de intuïtieve leiding van twijfelachtige bronnen. Misschien ontmoet je iemand die het slachtoffer speelt, of ben jij dit zelf, in de hoop zo gered te worden van schuld, spirituele trots of egotisme. Hoed je voor wederzijdse afhankelijkheid of gedrag dat daartoe uitnodigt, in jezelf of in een dierbare.

Vorm een hardere schaal om je heen, zodat anderen niet van je kunnen profiteren. Kom je te dichtbij, dan ben je misschien niet in staat je gevoelens en behoeften te onderscheiden van die van de ander die jou na staat. Ga onbetrouwbare, slappe mensen die altijd te laat komen of jou of een ander hebben laten vallen uit de weg. Hun behoeftigheid kan een last worden of je hart doen breken.

SCHELPENKONING
DE VISIONAIR

RECHTOP: Ja.
De SCHELPENKONING rechtop ziet er jonger uit dan hij is. Zijn creatieve, evenwichtige en betrokken manier van leven en beminnen, zijn het verval van de ouderdom tegengegaan, dat anderen aantast die minder in harmonie zijn met de goddelijke machten die rondom zijn hoofd dansen. Hij is een renaissanceman, uitvinder, talentvol kunstenaar en belezen geleerde. Zijn blik is direct en vriendelijk, maar een dwaas is hij niet. Hij is net zo gevoelig en paranormaal begaafd als iedereen in zijn familie en gebruikt zijn instrument als een van de vele voor zijn verlichte koninkrijk. Zijn paranormale vermogens zijn een tweede natuur voor hem. Hij is echt een visionair en is even goed in het lezen van mensen en tekenen als in het aanwenden van zijn creatieve vermogens voor de verwezenlijking van zijn visioenen. Hij is een counselor der counselors.

Je zult binnenkort iemand ontmoeten met de eigenschappen van de SCHELPENKONING rechtop, of zelf worden uitgenodigd ze na te streven. Ga na waarom er heftige gevoelens opgekomen zijn en hoe je ermee omgaat. Stop je emoties niet weg. Zie je leven als een kunstwerk en je kunst als een levenswerk.

Er komt een tijd aan waarin je diepe, duurzame liefde en voldoening zult ervaren. Leer wat je te geven hebt als geliefde, ouder, counselor en vriend. Geef alleen diegenen raad die zover zijn dat ze ernaar kunnen luisteren en handelen. Bestudeer het spirituele onderricht van je favoriete leraar of filosoof. Visualiseer de ware liefde waarnaar je op zoek bent en hij zal komen.

ONDERSTEBOVEN: Misschien.
De SCHELPENKONING ondersteboven is te jong en egocentrisch om een leider te zijn. Hij is creatief en intuïtief, maar te vol van zichzelf en – al te vaak – van roesmiddelen die zijn presentatie vertroebelen. Mensen knappen af en/of zijn in de war door de onhelderheid en arrogantie waarmee hij zijn visioenen overbrengt. Ze zijn niet zeker of het zijn rijkdom, genen, seksuele neigingen of de kundigheid van de koninklijke plastisch chirurg is die het verval van de ouderdom heeft afgewend.

Zijn blik is direct, maar hij is met zijn hoofd ergens anders. Hij lijkt vast te zitten in het verleden. Hij is net zo gevoelig en paranormaal begaafd als iedereen in zijn familie, maar gebruikt dit om mensen te beheersen. Hij is een visionair die gebukt gaat onder zijn paranormale gaven. Hij is even bedreven in het lezen van mensen en tekenen als in het gebruiken van zijn creatieve vermogens om zijn visioenen te verwezenlijken, al heeft hij er wel genoeg van om een counselor te zijn.

Binnenkort ga je iemand ontmoeten met de arrogantie van de SCHELPENKONING ondersteboven, of je zult na moeten gaan in hoeverre je zelf zo bent. Sterke punten, gaven en goed geluk moet je niet aan anderen opdringen. Onderdrukte emoties zoals paranoia, slapeloosheid of paniekaanvallen kunnen je op ongelegen momenten overvallen.

Het is prima je niet met andermans problemen in te laten – maar maak de ander niet van streek. Jij en/of je partner zijn overgevoelig en misschien nu niet in staat om te vergeven, liefde te accepteren of raad te geven.

SCHELPEN AAS
LIEFDE

RECHTOP: Ja!
Je zult weldra een opwindende nieuwe romance gaan beleven. Je lieve manieren trekken liefde aan en er staat je een duurzame relatie te wachten. Je hart zal zich openen en je wordt emotioneel geraakt. Onvoorwaardelijke liefde wordt evenveel gegeven als genomen. Een bestaande relatie bereikt een nieuwe hoogte. Je zult allebei heel erg tot elkaar aangetrokken worden. In een bestaande relatie verdiept de wederzijdse emotionele verbintenis zich. Je bent optimistisch, vol van geluk en welzijn. De verwezenlijking van de ware liefde brengt rust in je hoofd en maakt je hart blij.

ONDERSTEBOVEN: Ja.
Jij wilt de onstuimigheid en belofte van een nieuwe liefde beleven, zelfs in een bestaande relatie, maar bindingsangst in jou of in de ander geeft je een vaag gevoel van onvervuld zijn. Misschien ben je diep gekwetst door een ouder, een geliefde of onnadenkende vriend. Je zou weleens voor een nieuwe en onprettige verrassing kunnen komen te staan in de vorm van kinderachtig gedrag van iemand met een ego. Jij of je minnaar zijn misschien nu niet in staat om je open te stellen voor liefde, vanwege oud zeer. Wil je deze blokkade opruimen, zoek dan hulp, want het kan gaan over onbewuste schaamte, waar je naar moet kijken en die geheeld moet worden.

SCHELPEN TWEE
ROMANTIEK

RECHTOP: Ja!
Twee harten kunnen slaan als één! Ben je single, dan is het tijd om je 'liefdeslicht' aan te zetten – je bereidheid om met heel je hart te luisteren, te delen en een verbintenis aan te gaan zal lonen. De ware liefde staat eraan te komen. Ben je alleen of met iemand, weldra zul je de unieke kans krijgen om de heldere, koesterende, ondersteunende en diepgevoelde emotionele wisselwerking te ervaren die het teken is van een mooie, romantische relatie. Er zijn maar weinig dingen zo kostbaar. Je hartstochtelijke gevoelens worden beantwoord. Tussen jullie is er een natuurlijke en prettige aantrekking, jullie liggen elkaar helemaal, voeren prachtige gesprekken en hebben, als de tijd rijp is, leuke seks.

ONDERSTEBOVEN: Ja.
De koesterende, ondersteunende en diepgevoelde emotionele wisselwerking, het geschenk van een romantische relatie, lijkt nabij. Verlies jezelf niet in dagdromen en fantasieën over een relatie die niet reëel is. Zelfs al lijk je liefde te hebben gevonden, twijfel en besluiteloosheid achtervolgen je. Misschien houd je van je onafhankelijkheid en voel je weerstand tegen de aanpassingen die je voor ware liefde over moet hebben. Misschien word je tot iemand aangetrokken, maar kan je hem/haar of de wereld dit niet laten weten. Geef je relatie de tijd en ruimte om zich te ontwikkelen. Forceer je, dan dooft de ware liefde uit.

SCHELPEN DRIE
VIERING

RECHTOP: Ja, heb plezier!
Tijd voor een feestje! Blijf niet alleen, al lijkt je werk nog zo belangrijk. Genieten is even belangrijk als hard werken. Er zijn genoeg gelegenheden voor hoogromantische dagen en nachten, dus profiteer ervan. Zet je zorgen opzij en voel je dankbaar voor de geschenken van het leven. Als je naar liefde zoekt of in een relatie zit, ga dan op reis of woon een viering bij. Zorg dat je gelukkige mensen om je heen hebt, die jou het allerbeste wensen. Spreek je uit over wie en wat voor jou belangrijk is. Doe wat jou gelukkig maakt. Dit is een tijd om te danken en van het beste dat het leven te bieden heeft te genieten.

ONDERSTEBOVEN: Ja.
Vooruitzichten op een viering of een vakantie gaan niet door. Iemand zegt af of gedraagt zich vervelend. Je zoektocht naar de ware liefde blijkt lastig, omdat zich te veel of te weinig gelegenheden om te vieren voordoen. Een liefdesrelatie moet gegrond zijn in de realiteit. Jullie twee moeten elkaar ook echt liggen wanneer het gefeest voorbij is. Als je geen redenen of gelegenheden hebt om iets te vieren, verzin dan iets en schrijf 'vieren' op je doe-lijstje. Enkel werken en geen spel, daar wordt iedereen saai en eenzaam van. Deze kaart ondersteboven kan jou ook waarschuwen om niet al te veel toe te geven.

SCHELPEN VIER
HEREVALUATIE

RECHTOP: Misschien.
Tijd voor een herevaluatie van een relatie of iemands houding tegenover relaties in het algemeen. Misschien zijn oude gevoelens achterhaald of worden niet langer op prijs gesteld. Een frisse start kan nodig zijn. Als de gevestigde situatie je verveelt of ontevreden maakt, leid jezelf dan niet af en kijk om helderheid te krijgen wat je diep vanbinnen voelt, want dat is nu het allerbelangrijkste. Als je je verlegen, moe of vastgelopen voelt, is het tijd voor bezinning om uit vastgeroeste patronen los te breken. Elkaar vergeven en nieuwe doelen stellen zal een scherpe of stress veroorzakende communicatie tussen jou en je partner verzachten.

ONDERSTEBOVEN: Nee.
Te weinig of te veel herevaluatie is schadelijk voor je zoektocht naar de ware liefde. Probeer consequent over te komen op iemand die jou interesseert. Almaar 'Zij/hij houdt van me' of 'Ik houd wel, ik houd niet van hem/haar' spelen, gaat tegen je werken. Kom niet aan met 'Ik heb het wel gezegd'. Dit is niet aantrekkelijk en klagen maakt alles alleen maar erger. Anderzijds ontkent iemand in de relatie misschien de omwentelingen die plaatsgevonden hebben. Of deze nu gunstig zijn of niet, ze moeten worden erkend en er moet naar gehandeld worden.

SCHELPEN VIJF
TELEURSTELLING

RECHTOP: Nee.
Misschien voel jij je in de steek gelaten of ga je zelf iemand verlaten, maar is het zo het beste. Leer afwijzing, teleurstelling en onverschilligheid doorgronden. Ga na op welke wijze je leert van je teleurstelling om in de toekomst wel succes te hebben. Bekijk een glas als halfvol in plaats van half leeg. Zie hoe geest en lichaam samenhangen. Kijk naar hoe jouw gedachten deze moeilijke situatie hebben beïnvloed. Misschien sleep je ballast mee uit een eerdere relatie en kom je er daarom niet toe naar je gemengde gevoelens voor een nieuw iemand te kijken en eerlijke keuzes te maken ten aanzien van deze persoon.

ONDERSTEBOVEN: Nee!
Eerdere teleurstellingen weerhouden je misschien om van het heden te genieten. Door een periode van teleurstelling, onverschilligheid of afwijzing weet je niet meer hoe te reageren. Door weg te lopen van iemand los je het onderliggende probleem niet op. De lichtere problemen kunnen vaak binnen een relatie aangepakt worden, of anders komen ze toch terug in een andere vorm of andere relatie. Bij iemand blijven die je eigenlijk zou moeten verlaten vanwege een geweldsituatie of andere vormen van misbruik kan enorm veel kapotmaken, vooral als er kinderen bij betrokken zijn. Er kan professionele hulp nodig zijn.

SCHELPEN ZES
VREUGDE

RECHTOP: Ja!
Je zult binnenkort zo blij zijn als een kind en misschien neemt dit kind wel een concrete vorm aan, als dat is waar je om gevraagd hebt. De omgang met jongere mensen doet je goed. Je visie op kinderen krijgen in een relatie vindt erkenning. Haal nostalgische herinneringen aan de kindertijd, vrienden en familie op. Fleur op. Maak tijd voor plezier. Wees zo open en optimistisch als een kind. Je zou iemand kunnen tegenkomen met dezelfde opvoeding of achtergrond. Iemand die je vroeger hebt gekend of om wie je ooit gaf keert misschien terug in je leven. De ware liefde is te vinden als je de wijsheid der jaren en de onschuld van de jeugd tentoonspreidt.

ONDERSTEBOVEN: Ja.
Kinderen, kinderlijk gedrag of conflicten over al of geen kinderen in een relatie houden je misschien af van het vinden van de ware liefde. Een nostalgische jeugdherinnering die bovenkomt, kan problemen geven. Doordrammen over het verleden, over een verloren gegane vriendschap of onschuld werken contraproductief. Een kind, iemand met eenzelfde opvoeding als jij of iemand uit het verleden, zou nu in je leven kunnen opduiken, maar kan ook voor hoofdpijn zorgen. Jij of degene om wie je geeft kan ongerust zijn over wat er staat te wachten. Je neemt niet genoeg tijd om gewoon plezier te hebben. Werk en spel moeten in evenwicht zijn.

SCHELPEN ZEVEN
ILLUSIE

RECHTOP: Misschien.
Je kunt met Jan en alleman uitgaan, maar geef je hart niet aan iemand tot hij/zij echt 'die ene' blijkt te zijn. Leer illusie en werkelijkheid scheiden. Ben je iemand aan het verafgoden of zijn er onrealistische verwachtingen over jou? Bescherm je tegen onhelder denken of wensvoorstellingen, anders tuimel je wat je liefdesleven betreft van de ene stemmingswisseling in de andere. Je levendige verbeelding kan jou helpen de ware liefde te creëren als je intenties helder zijn. Zie een beeld voor je en weet dat het te verwezenlijken is, omdat jij dit verdient.

ONDERSTEBOVEN: Nee.
Omgaan met een heleboel mensen geeft problemen. Je zult te maken krijgen met illusie, verwarring of afleiding. Het kan lastig worden om nu je energie te focussen. Vermijd het onder invloed zijn en andere vormen van vluchtgedrag in jezelf en/of anderen. Misschien komt een teleurstelling die je al aanvoelde uit. Wensvoorstellingen kunnen tot een onrealistisch najagen of tot dweperij leiden. Zie het onderscheid tussen creatieve inspiratie en luchtkastelen. Idealisme leidt vaak tot teleurstelling. Misschien dat jij of een bekende vage bedoelingen fout uitlegt. Leef niet in een fantasiewereld.

SCHELPEN ACHT
OPOFFERING

RECHTOP: Nee.
Word je bewuster van de fysieke, geestelijke of emotionele opofferingen die in verband met je vraag gevraagd worden of gaan worden. Misschien loont het de moeite, maar het kan nodig zijn om iemand of iets te zoeken die het meer waard is. Werk aan je neiging om verlegen te zijn en je terug te trekken door jezelf eens minder serieus te nemen. Jij of een dierbaar iemand kan van een plotselinge huilbui omslaan in emotionele afstandelijkheid en weer omgekeerd. Het lijkt erop dat je door een donkere nacht van de ziel heengaat, maar eigenlijk ben je aan het leren wat houden van jezelf en jezelf koesteren is.

ONDERSTEBOVEN: Nee!
Word je bewuster van de fysieke, geestelijke of emotionele opofferingen die met je vraag te maken hebben. Het is een onzekere tijd vol van twijfel en pessimistische gedachten. Zelfs een droomrelatie kan omslaan in een nachtmerrie als de opoffering niet in evenwicht is. In de ware liefde getroosten beide partners zich opofferingen. Loslaten of doorgaan is eng, maar als je almaar meer geeft dan ontvangt, moet je een betere partner of zaak zien te vinden. Sta niet verbaasd te kijken als de ware liefde aan jou voorbijgaat, wanneer jij degene bent die niet evenveel wil opofferen.

SCHELPEN NEGEN
VERVULLING

RECHTOP: Ja!
Je zult als bij toverslag de ware liefde vinden. Je wens komt op een mooie manier uit. Wees bij het formuleren van je wens zo precies mogelijk. Het proces van beslissen wat je graag in vervulling ziet gaan, kan je helpen je verlangens en prioriteiten te begrijpen. Houd er rekening mee dat je wens weleens op een onverwachte manier vervuld kan gaan worden. Het is nu de tijd voor succes, goede gezondheid en een geweldige relatie. Je relatie zal een eigen betoverde wereld scheppen en je diepste verlangens verwezenlijken.

ONDERSTEBOVEN: Ja.
Er zal een wens uitkomen, maar op een manier die jou niet bevredigt of meer ergernis geeft dan plezier. Pas op voor wat en hoe je wenst. Jij en/of een geliefde vrezen misschien dat het geluk over is en dat je nooit zult krijgen wat je wilt. Dit kan een moeilijke tijd zijn als je te zeer gewend bent om je zin te krijgen. Onverenigbare meningen over financiën of hebberigheid kunnen ook problemen geven. Iemand probeert misschien je gunsten te 'kopen' of je pogingen om dingen positief te veranderen te belemmeren. Je arrogant opstellen bij een belangrijke beslissing kan je relatie schaden.

SCHELPEN TIEN
SUCCES

RECHTOP: Ja!
Gefeliciteerd! Het is je gelukt om te worden die je moet zijn om de ware liefde in je leven en relatie te brengen. Heb je het net aangemaakt met iemand, dan is dit de ware relatie. Deze kaart kan zelfs op een huwelijk duiden. Wees je bewuster van hoe succesvol en gerespecteerd je bent. Je zult nooit van je succes genieten als je er niet trots op bent wat je voor elkaar hebt gekregen. Je zult thuis veilig en zeker zijn. Er is een gevoel van heelheid en stabiliteit. Deze tijd van tevredenheid in je relatie inspireert tot een vreedzame en liefdevolle wisselwerking tussen jou en al je dierbaren.

ONDERSTEBOVEN: Ja.
Je bent bijna degene die je moet zijn om de ware liefde in je leven en/of relatie te brengen, maar je gelooft of ziet dit niet. Pessimisme kan je afhouden van succes boeken. Een dierbaar iemand voelt zich misschien niet geslaagd en/of gerespecteerd. Er was vooruitzicht op een beloning of doel, maar het loopt anders of wordt opgeschort. Bemoeienis van vrienden of verwanten of beide maakt de dingen ingewikkeld. Inzitten over of proberen frustrerende en verstoorde familiebetrekkingen goed te maken, kan een verspilling van tijd en energie zijn. Een manipulatieve of labiele persoon kan je reputatie schaden.

DE
KLEUR VAN
EDELSTENEN

EDELSTENENPRINSES
DE SLIMMERIK

RECHTOP: Ja.
De EDELSTENENPRINSES rechtop is bijna zover dat ze de fluit die ze in haar eigen tuin heeft gemaakt, gaat bespelen. Menig burger in haar koninkrijk vindt haar naïef en onervaren, maar voor degenen die weten dat wij allemaal van het land leven, is zij duidelijk één met de wereld die haar leven geeft. Zij is niet bang voor vieze handen of eerlijk werk. Zij houdt van planten, dieren en de geest in alle dingen en communiceert ermee, zelfs met edelstenen en rotsen. Ze is rijk, omdat ze weet hoe ze van het land kan leven en krijgt wat ze wil. Ze is de sensualiteit in persoon.

Binnenkort zul je de eigenschappen van de EDELSTENENPRINSES tegenkomen in iemand of deze in je eigen leven gaan onderzoeken. Wees praktisch, volhard en vertrouw op je natuurlijke instincten – wees niet bang om naïef of onervaren te lijken.

Een nieuwe partner zal nuchter en goed met zijn/haar handen zijn en/of in staat om op een of andere wijze rijkdom te scheppen. Het doorgeven van praktische informatie en/of nuttige vaardigheden helpt jou in je zoektocht naar de ware liefde.

Mogelijk wordt er een nieuw zakelijk concept ontwikkeld. Dat proces zal loyale en ondersteunende relaties vormen. Je werk of carrière is nu heel belangrijk. Een praktisch iemand die met jouw zakelijke belangen is verbonden, zou je nieuwe minnaar kunnen worden. Misschien werk je samen voor geld, zit je samen in het liefdadigheidswerk of delen jullie hobby's of klussen, aan huizen bijvoorbeeld. Ook door tuinieren, huisdieren of colleges kan je liefdesleven bergopwaarts gaan.

ONDERSTEBOVEN: Misschien.
De EDELSTENENPRINSES ondersteboven geniet alle voordelen van de rijkdom van haar ouders, maar ziet haar goed geluk als vanzelfsprekend. Ze heeft geen idee hoe ze zichzelf moet onderhouden of hoe degenen die minder geboft hebben leven. Zelfs al probeert ze middenin de wereld te staan, mensen met echte levenservaring zien haar als naïef en onervaren persoon, met weinig gezond verstand en inzicht in de menselijke natuur. Ze is bang voor werken of vies worden, al wil ze best vuile klusjes doen om haar leefstijl te beschermen. Voor haar is iedereen en alles speelgoed dat ze naar believen afdankt. Ze is ongerust, want diep in haar hart weet ze hoe afhankelijk ze is van anderen en van gunstige omstandigheden. Ze is uit op plezier, maar laat niet gemakkelijk los en geeft zich moeilijk over aan de liefde.

Jij gaat weldra iemand tegenkomen met de eigenschappen van de EDELSTENENPRINSES, of zelf van deze eigenschappen afkomen. Het valt misschien niet mee voor jou en/of je partner om praktisch te zijn. Misschien geef je het te gemakkelijk op. Wees niet bang om voor naïef of onervaren door te gaan. Als je uitleg wilt over iets, vraag erom.

Een nieuwe of bestaande partner zou weleens slordig en onhandig kunnen zijn of vijandig kunnen staan tegenover jouw manier om van het leven te genieten. Diegene probeert jou misschien te dwingen tot verandering van je stijl, je financiën of van baan.

Zoek naar praktische informatie en/of nuttige vaardigheden of je carrière gaat eraan. Iemand die een stuk jonger is en/of in een lagere positie zit dan jij op het werk zou weleens je nieuwe minnaar kunnen worden.

EDELSTENENPRINS
DE BOUWER

RECHTOP: Ja.
Het schild, de bijl en de staf van de EDELSTENENPRINS rechtop symboliseren dat hij een verantwoordelijk, betrouwbaar en gerespecteerd lid is van de bouwautoriteiten, rechtelijke macht en het leger van zijn koninkrijk. Hij weet dat je niets gratis krijgt, vooral de vrijheid niet die hij en zijn medeburgers genieten en die op een stevig fundament moet rusten. Hij is ambitieus en is in rang gestegen door zijn eigen verdiensten. Zijn naaktheid staat voor zijn zuiverheid, gezondheid en zelfvertrouwen. Hij is sterk in elk opzicht en achter zijn aardse gevoel voor humor gaat een ernst schuil die voortvloeit uit zijn directe ervaring met de realiteit van leven en dood.

Binnenkort ga je iemand ontmoeten met de eigenschappen van de EDELSTENENPRINS rechtop, of zul je deze zelf tentoon moeten gaan spreiden. Deze persoon kan fysiek sterk zijn, assertief, doelgericht en/of bedreven in de politiek en/of organisatiekunde. Deze ontmoeting vindt plaats tijdens het werk of wanneer jij of hij/zij bezig zijn met zaken, mogelijk de realisatie van een winstgevend nieuw zakenplan.

Eerlijk hard werk, investering in onroerend goed en een geldreserve opbouwen zijn belangrijk nu. Geduld is nodig. Verwacht doorzetting, een mentaal gezonde instelling, gezond verstand en nuchterheid, maar niet een impulsieve, 'hete' affaire met deze trage maar stabiele persoon. Het duurt een tijdje voor het hart van deze betrouwbare goede verzorger zich opent. Schat de ware liefde hoger dan winst en bezittingen. Samen van aardse genoegens genieten zal jullie binden en verjongen voor je weer aan het werk gaat.

ONDERSTEBOVEN: Misschien.
Het schild, de bijl en de staf van de EDELSTENENPRINS ondersteboven symboliseren dat hij zich kwetsbaar voelt. Door het houvast dat materiële voorwerpen geven, beschermt hij zich tegen de harde wereld. In het belang van zijn vader probeert hij een verantwoordelijk, betrouwbaar en gerespecteerd lid te zijn van de bouwautoriteiten, rechtelijke macht en het leger van zijn koninkrijk, maar hij is er niet helemaal bij. Hij erft liever het koninkrijk omdat hij de prins is, dan dat hij ervoor moet werken. Hij kan de laatste hand aan iets leggen, maar weet weinig af van iets op een stevig fundament vanaf de grond opbouwen. Hij is meedogenloos ambitieus en op verdachte wijze opgeklommen. Hij zet zijn aanzienlijke kracht en vaardigheden in, niet om te dienen en te beschermen, maar voor zijn eigen belangen. Met zijn arrogante galgenhumor weet hij aardig de afschuwelijke realiteit van leven en dood van zich af te duwen.

Binnenkort ga je iemand ontmoeten met de eigenschappen van de EDELSTENENPRINS ondersteboven, of zul je deze zelf tentoon moeten gaan spreiden. Deze persoon kan tactisch bedreven zijn in de politiek. Jullie ontmoeten elkaar misschien terwijl jij en/of hij/zij aan het werk zijn of op een andere manier bezig met zaken.

Werk, investering in onroerend goed en een geldreserve opbouwen zijn zo belangrijk voor deze persoon dat de ware liefde zijn/haar macht om te geven of ontvangen te boven gaat. Laat je niet door deze persoon domineren, ook je financiën niet – je gaat het afleggen. Iemand die gierig is met geld, is ook gierig met liefde.

EDELSTENENKONINGIN
DE VOEDSTER

RECHTOP: Ja.
De broeierige blik van de EDELSTENENKONINGIN rechtop laat zien dat zij van de koninklijke tarotfamilie de sensueelste is. Zij heeft de ware liefde gevonden bij haar man en houdt ervan haar kinderen te koesteren in het ondersteunende, goed functionerende gezin dat ze samen hebben. Zij is een geboren aristocrate en heeft als kind geleerd dat grote rijkdom een grote verantwoordelijkheid met zich meebrengt. Ze is liefdadig en een beschermvrouw en slimme verzamelaar van kunst, mode, sieraden en alle dingen van waarde, vooral kennis. Zij ziet erop toe dat de scholen en bibliotheken van het rijk zo vol zitten en up-to-date zijn als haar vele kasten.

Weldra ga je iemand tegenkomen met de eigenschappen van de EDELSTENENKONINGIN rechtop, of deze zelf nastreven. Het is nu de tijd om je dromen van de ware liefde te realiseren. Waardeer en bescherm je goed geluk en die van je dierbaren. Wees recht door zee in het delen van je gevoelens, neem daarin de leiding, terwijl je oog houdt voor andermans behoeften.

Liefdadigheidsevenementen kunnen voor sociale contacten zorgen waar jij iets aan hebt en die je introduceren bij nadenkende, succesvolle mensen. Sociale omgang kan je in contact brengen met mensen en situaties die liefde helpen cultiveren. Bescherm de kunsten, ga shoppen en/of zo goed als je kunt genieten van je rijkdom, zolang je maar een appeltje voor de dorst bewaart.

Neem of geef les in koken, bakken of zelfs in vrijen! Leef het leven ten volle. Waardeer de geschenken van schoonheid en gratie overal om je heen. Stel je in op een ware zielsconnectie met iemand. Tijd om betoverd te worden!

ONDERSTEBOVEN: Misschien.
De hooghartige blik van de EDELSTENENKONINGIN ondersteboven laat zien dat ze zichzelf beter vindt dan iedereen en dat haar wens wet is. Haar goed geluk en de ware liefde van haar man voor haar zijn iets vanzelfsprekends. Haar kinderen koesteren vindt ze te veel gedoe, dat doen de kindermeisjes en de familie wel. Ze is een aristocratische snob en beoordeelt mensen op hun stamboom, rijkdom en beroep. Ze doet aan liefdadigheid voor de buitenkant. Liever gaat ze shoppen en geeft veel geld uit. Ze heeft respect voor opvoeding, want het is een teken van stand, waarmee ze mensen kan beoordelen.

Binnenkort ga je iemand ontmoeten met de eigenschappen van de EDELSTENENKONINGIN, of je zult moeten nagaan in hoeverre je deze zelf tentoonspreidt. Je geeft blijk van de ware liefde als je stopt met mensen beoordelen op wat ze hebben en ze waardeert om wie ze vanbinnen zijn.

Misschien ga je zover in het beschermen van je privacy dat je emotioneel koud en ongevoelig bent. De kunsten beschermen en liefdadigheidswerk zorgen wel voor sociale connecties, maar de mensen die je ontmoet kunnen tegenvallen. Verbeter de relatie met een partner en/of je kinderen.

Je kunt je eigen goed geluk en ook dat van dierbaren beschermen. Iemand die belangrijk voor je is, zal jou nu wellicht niet kunnen helpen. Te veel geld uitgeven of financiële zaken schaden de status van een vriendschap. Neem les in koken, ovengerechten of zelfs in vrijen!

EDELSTENENKONING
DE REALIST

RECHTOP: Ja.
De EDELSTENENKONING rechtop leunt op zijn staf. Dit staat symbool voor de lange zware klim die hij heeft ondernomen om zijn rijkdom, succes en macht te bereiken. Hij weet dat dit niet zonder hulp is gegaan. Hij heeft een groot respect en waardering voor al zijn werknemers en is liever in hun gezelschap dan in dat van de edelen, die in groten getale bij hem aankomen met verzoeken. Hij behandelt hen en ook zijn vele zaken goed, omdat hij volwassen en pragmatisch is. Hij is een realist, ad rem in zijn humor en van alle markten thuis. Hij houdt met hart en ziel van zijn koningin en stelt hun relatie op de eerste plaats, boven alles en iedereen, zelfs zijn kinderen.

Je gaat binnenkort iemand tegenkomen met de eigenschappen van de EDELSTENENKONING of zult deze zelf moeten gaan tentoonspreiden. Je vindt een charismatische partner die van je houdt zoals je bent. Jij en/of je partner bereiken een machtspositie en/of krijgen respect van degenen die jullie zelf respecteren.

Neem uitnodigingen aan en geef voorrang aan dates, vrijen en verkering. Ga met iedereen om, ongeacht hun status. Wees jezelf, maar stel anderen op hun gemak door hun afkomst te respecteren.

Kom in je relatie toe aan de basale dingen. Houd het simpel. Masseer elkaar. Ga iets buitenshuis doen en zoek atletische types. Wees natuurlijk, realistisch en betrokken. Een verstandig, pragmatisch en serieus persoon komt in je leven. Een relatie die met twee benen op de grond staat, blijft overeind.

ONDERSTEBOVEN: Misschien.
De EDELSTENENKONING ondersteboven leunt op zijn staf, wat aangeeft dat hij zich heeft teruggetrokken uit een leven van praal, verantwoordelijkheid en ceremonieel. Hij heeft zijn rijkdom en positie vaarwel gezegd om op zoek te gaan naar de zin van het leven. Hij is vastbesloten het pad te gaan van de grote filosofen aller tijden, te leren van iedereen die hij tegenkomt en respect te hebben voor hun pogingen om iets van hun leven te maken. In zijn rake humor klinkt iets droefgeestigs door, omdat hij een realist is en mededogen voelt voor de minder bedeelden. Hij houdt met hart en ziel van zijn koningin, maar stelt hun relatie niet meer boven alles.

Binnenkort kom je iemand tegen met de eigenschappen van de EDELSTENENKONING of moet je nagaan hoe jij tegenover deze eigenschappen staat. Misschien vind je de ware liefde als je met pensioen gaat of met een gepensioneerde. Stil gaan leven kan bevorderlijk zijn voor een bestaande relatie.

Je relatie verbetert door je in absolute waarheden te verdiepen. Misschien vind je een charismatische partner die van je houdt zoals je bent, maar hij/zij houdt wellicht van iedereen evenveel en voelt er niet voor om te settelen. Hij/zij kan een instelling, gewoonten en tics hebben die het samenleven bemoeilijken. Deze persoon boycot uit overlevingsdrift misschien de moderne leefstijl en valkuilen van de beschaving. Hij is op een dwaalspoor geraakt in zijn zoeken naar het ware en heeft daardoor onwerkelijke verwachtingen of een regelrechte afkeer van wat een monogame relatie met ware liefde kan zijn.

EDELSTENEN AAS
BELONING

RECHTOP: Ja!
Weldra zul je beloond worden. Eindelijk ga je profiteren van dat waarop je gehoopt, wat je gepland, waarvoor je gewerkt hebt. Hoogstwaarschijnlijk is het een veel beter liefdesleven, maar ook zou je iets kunnen winnen dat je meer rijkdom, macht en/of status geeft. Misschien iets in de vorm van een droom die uitkomt, een geschenk, erfenis, bonus, promotie of andere beloning. Sexappeal, nieuwe avonturen en een goede chemie tussen jou en een liefhebbende partner worden aangegeven. Er is ook goed nieuws over kinderen en dieren. Geniet van deze tijd en besef dat je hem verdiend hebt, of jij of iemand anders dit nu erkent of niet.

ONDERSTEBOVEN: Ja.
Weldra zul je een nieuwe kans krijgen om een droom waar te maken – maak er het beste van! Als je achterover gaat leunen en verwacht dat dingen wel naar je toe komen, raak je een mooie relatie kwijt of loop je een beloning, bonus of erfenis mis. Een beloning ontvangen heeft zo zijn lastige kant. Meer geld geeft meer verantwoordelijkheden en verleidingen. Anderen zullen iets van je willen of zelfs verwachten. Je knapt af op gewichtstoename of het zonder doel zijn. Probeer anderen niet met geld te manipuleren of je zult zelf gemanipuleerd worden. Zonder gemeenschappelijke interesses worden zelfs de meest gepassioneerde geliefden egocentrisch en onaangenaam.

EDELSTENEN TWEE
VERANDERING

RECHTOP: Misschien.
Jij of iemand van wie je houdt moet met voortdurende verandering en/of drukte zien om te gaan. Blijf in je midden en wees flexibel. Houd je op de hoogte. Sta jezelf toe om te zijn wie je maar wilt en met wie je samen wilt zijn. Het kan nu de tijd zijn waarin je twee of meerdere relaties wilt hebben in plaats van je op eentje te richten. Houd alle mogelijkheden open en neem ondertussen de tijd om te kijken hoe je je eigenlijk voelt. Blijf bezig en betrokken bij uiteenlopende activiteiten. Waar het nu om gaat is hoe je het beste met relaties, carrière en familie jongleert. Misschien ontmoet je een speciaal iemand onder buitengewone omstandigheden!

ONDERSTEBOVEN: Misschien.
Misschien word je op de proef gesteld door een periode van ongelooflijke drukte, verandering en instabiliteit. De hectiek maakt jou of een dierbare prikkelbaar en nerveus. Je tegelijk op twee of meer dingen richten – vooral twee of meer relaties – kan nu problemen geven. Flexibel proberen te blijven is slopend wanneer je te veel kanten wordt uitgetrokken. Misschien lukt het je niet om alles overeind te houden en moet je de scherven bijeenrapen en opnieuw beginnen. Een wispelturige persoon of iemand die hypocriet is of zijn/haar problemen voor jou, de wereld en misschien voor zichzelf verbergt, kan problemen geven – zorg dat jij dit niet bent.

EDELSTENEN DRIE
WERK

RECHTOP: Ja.
Misschien dat je via het werk romantiek of liefde vindt of door je carrière-inspanningen, die ook door deze kaart gesteund worden. Heb je een partner, dan zullen jij en hij/zij allebei eerlijk werken aan het opbouwen en behouden van de relatie. Door deze wederzijdse steun kan hij verder groeien. Het is een goede tijd om een betrouwbare vriend of counselor raad te vragen en/of met een partner technieken, oplossingen en zakelijke aspiraties te delen. Het zou er op uit kunnen lopen dat je werkt met degene van wie je houdt, mogelijk in je eigen zaak.

ONDERSTEBOVEN: Ja.
Er zijn twee betrokken mensen nodig om een relatie te laten werken. Mis je dit nu, bedenk dan dat je niet een ander nodig hebt om jou compleet te maken. Jij bent in je eentje al compleet. Zo'n instelling helpt je de ware liefde te vinden. Pas op voor een relatie die je via je werk of je carrière-inspanningen krijgt. Ga niet zomaar iets romantisch aan met een baas of chef, een collega en zelfs niet met een dienstverlener. Vermijd driehoeksverhoudingen. Kinderen willen zeker zijn dat je gelukkig en veilig bent in je relatie. Als dit niet zo is, doe er dan wat aan.

EDELSTENEN VIER
BEZITTERIGHEID

RECHTOP: Misschien.

Je moet blijven bij wat je hebt. Beter een single dan je tijd verdoen en de kostbare gift van liefde weggooien. Zit je in een relatie, dan is het heel gewoon om af en toe een beetje jaloers te zijn. Dit is een teken dat je je partner ziet zitten en het kan je passie ook vergroten. Zorg voor je huis en familie. Tijd om te gaan denken als een succesvol, leidinggevend persoon. Je zult in de toekomst enorm profiteren van wat jij nu spaart en zuinig bewaart. Bouw een stevig fundament, neem verantwoordelijkheid, houd de prijs in het oog en je zaken op orde. Beheer je bezittingen goed en bewaak ze.

ONDERSTEBOVEN: Misschien.

Je zou nu iets kunnen gaan verliezen, ook al wil je vasthouden wat je hebt. Jij of een ander is misschien al te bezitterig of probeert terug te krijgen wat duidelijk voorbij is, terwijl loslaten nu veel beter zou zijn. Je zou alleen een relatie in stand moeten houden en beschermen waarin spirituele groei mogelijk is en die jouw echte waarden weerspiegelt. Is dit het geval, vecht er dan voor. Behandel mensen niet als objecten — niemand behoort toe aan een ander, zelfs niet mensen die van elkaar houden. Lichamelijk bezit kan een verlangen naar de ware liefde niet bevredigen. Bewaar een appeltje voor de dorst, maar ga niet hamsteren. Zij die gierig zijn met hun middelen, zijn dit ook met hun liefde.

EDELSTENEN VIJF
ONGERUSTHEID

RECHTOP: Nee.
Misschien voel je je buitengesloten van het 'feestje'. Je moet leren met stress en ongerustheid om te gaan als je de ware liefde wilt vinden of een bestaande relatie verbeteren. Het komt er nu op aan het vermogen te ontwikkelen om ratio en intuïtie in evenwicht te brengen. Verdoe geen tijd aan inzitten over wat jaren geleden is gebeurd of hoe de toekomst eruit zal zien. Met obsessieve gedachten heb je geen prettig leven. Te veel nadruk op problemen en niet op oplossingen is slopend voor je energie. Doe kleine stapjes vooruit, ook al is het met angst in het hart. Paniekaanvallen zijn stoornissen met een oorzaak en kunnen genezen door cognitieve therapie of professionele hulp.

ONDERSTEBOVEN: Nee.
Misschien moet je zien om te gaan met stress, ongerustheid of ontkenning. Je kunt een gebrek aan respect, steun of begrip ervaren. Afstand of scheiding kan wanhoop veroorzaken. Jij en/of je partner tobben wellicht te veel over dingen die niet te veranderen zijn en/of maken je te weinig druk over dingen die wel te veranderen zijn. Ongerustheid werkt verlammend of je begaat fouten, tot je tegen de oorzaak aanloopt. Richt je op het nu en zie het te redden met wat je hebt. Echt in paniek raken is een ziekte. Met professionele hulp leer je beangstigende, strijdige gevoelens en emotionele ontreddering die jou en je relatie bedreigen, te hanteren.

EDELSTENEN ZES
VRIJGEVIGHEID

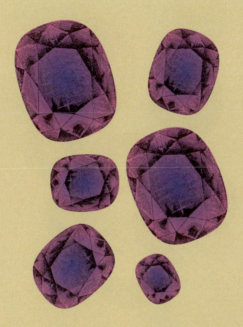

RECHTOP: Ja!
Vriendelijkheid en vrijgevigheid staan in de kaart te lezen. Het goede dat je gedaan hebt, komt binnenkort op allerlei manieren bij je terug, mede door de acties van een geweldige partner. Jij en je partner zullen er voor elkaar zijn en overeenstemmen wat financiële zaken en doelen betreft. Jullie delen alles op een manier die het teken is van de ware liefde. Als je ertoe in staat bent, blijf dan geven aan degenen die het minder meezit. Als jij echt iets nodig hebt, vraag en het zal je gegeven worden. Blijf optimistisch. Wees dankbaar voor alles wat je bezit en blij als je gezond bent en liefde hebt.

ONDERSTEBOVEN: Ja.
Het kan ernaar uitzien dat jouw vrijgevigheid niet wederzijds is. Jij en je minnaar kunnen er heel andere waarden op nahouden. Jij of de ander kunnen misschien niet aan elkaars verwachtingen en financiële behoeften tegemoetkomen. Die ander zou egoïstisch kunnen zijn en niet in staat tot delen. Misschien krijg je niet waar je om vraagt en kwetst dit gebrek aan gevoeligheid je. De ander kan jaloers zijn op wat jij hebt, omdat hij/zij met onvervulde dromen zit. Het kan zijn dat het teruggeven van een schuld of geschenk op zich laat wachten. Misschien kun jij slecht tegen bekrompen, gierige of behoeftige mensen.

EDELSTENEN ZEVEN
FRUSTRATIE

RECHTOP: Nee.
De ware liefde vinden betekent met frustraties leren omgaan. Als de dingen niet volgens plan verlopen, bedenk dan dat bijna alle verwachtingen onredelijk zijn – garanties bestaan niet. Een relatie kan het in zich hebben om te groeien, maar daarvoor moet er met een frustrerend iemand omgegaan worden – zorg dat jij dit niet bent! Sparen voor je pensioen, voor een huis, een voertuig of een opleiding is heel slim, maar een krap budget leidt altijd tot frustratie. Het is mooi om rond te komen met wat je hebt. Wees blij met wat je bezit. Streef naar haalbare doelen. Als je samen bent, maak er dan iets moois van. Neem de tijd voor lachen, strelen en spelen.

ONDERSTEBOVEN: Nee.
Er moet meer werk verzet worden voor je resultaten ziet. Je kunt gefrustreerd raken als je in een relatie bestand wilt zijn tegen gevoelens van onmacht en ondankbaarheid. Je denkt het misschien niet voor elkaar te krijgen met de middelen die je hebt. Verwarring over verantwoordelijkheden kan problemen geven. Wellicht worden er beloften gebroken. Problemen met geld en werk kunnen de ware liefde een tijdje opschorten. Misschien heeft er iemand dubbele maatstaven – hij/zij gaat wel tekeer, maar kan er andersom niet tegen. Pas ervoor op je overhaast in een affaire te storten. Een frustrerend iemand om wie je geeft kan een onpraktische of onrealistische romance beginnen.

EDELSTENEN ACHT
PERFECTIONISME

RECHTOP: Ja.
Romantische pogingen en andere krachtmetingen gaan slagen. Je zult je de kunst van de liefde meester maken en wijze keuzes en praktische inspanningen doen die aan het succes van een relatie bijdragen. Je weet je dierbaren het gevoel te geven speciaal te zijn. Gestaag naar je visie toe werken zal diepe voldoening geven. Er kan een relatie uit je creatieve interesses voortkomen. Het is wijs van je om je relatie te benaderen als een echte ambachtsman: denk niet aan resultaten of beloningen, bestudeer je onderwerp, leer terwijl je werkt, geef met liefde en kunde aandacht aan elk detail en vermijd perfectionisme.

ONDERSTEBOVEN: Ja.
Je gaat iets moois krijgen of een bestaande relatie verbeteren, als je je enkel weet te richten op de klus die er ligt en perfectionisme vermijd. Misschien vind je de ware liefde, word jou een prijs toegekend of krijg je een andere erkenning voor je talenten, maar niet als je op het eindresultaat gericht bent en niet gewoon stap voor stap gaat. Iets onevenwichtigs in je middelen, status of succes kan tot problemen in je relatie leiden. Als iemand al te kritisch is en geen compliment geeft of door angst, wantrouwen en controle de ware liefde belemmert, is het tijd voor een perfectere relatie.

EDELSTENEN NEGEN
ONAFHANKELIJKHEID

RECHTOP: Ja!
Met je liefdesleven zal het binnenkort flink bergopwaarts gaan, als je eraan werkt om onafhankelijk, vrij en autonoom te zijn of gewoon te lijken. Ga de natuur in en geniet samen met een dierbaar iemand van dingen doen in de open lucht. Ben je op zoek naar liefde, dan vind je die wellicht buiten. Leer je lijf kennen en hoe moeder natuur in alles voorziet. Ga met je gezondheid om als met je grootste rijkdom. Benadruk je beste lichamelijke attributen. Ontwikkel een sterk zelfgevoel. Je bereikt succes als je bij je plan blijft. Je hebt een hoop voor elkaar – tijd nu om de vruchten van je harde werk te plukken.

ONDERSTEBOVEN: Ja.
Onafhankelijkheid is een kwestie die nu speelt. Jij en je minnaar zijn misschien te onafhankelijk. Iemand die van de ware liefde geniet, voelt zich in een relatie vrijer dan ooit. Bij de ware liefde ziet de een graag dat de ander zich veilig en zeker genoeg voelt om totaal zichzelf te zijn. Als jij en/of je partner je niet genoeg onafhankelijk, vrij en autonoom voelen, dan moet er sprake zijn van overtuigingen, waarden en prioriteiten die ingaan tegen wat er nodig is voor de ware liefde. Laat de natuur je gids zijn. Zorg voor je gezondheid. Ga naar buiten, erop uit. Van te veel thuiszitten, word je maar dik.

EDELSTENEN TIEN
BESCHERMING

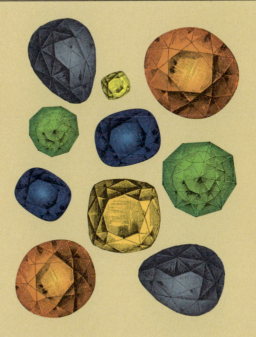

RECHTOP: Ja!
Je bent bestemd voor de ware liefde – liever nu dan later. Een relatie die echt vanaf de grond is opgebouwd zal de tand des tijds doorstaan. Banden uit je verleden en rijke familietradities bieden steun en bescherming. Een belangrijke vrije dag of andere viering kan een nieuw uitzicht bieden op liefde. Wat je in het verleden gezaaid hebt, is nu te oogsten. Het is een goede tijd voor belangrijke beslissingen. Samenleven bevalt zo prima dat er misschien weldra een huwelijk van komt. Je zou je eigen dynastie kunnen stichten. Je succes staat vast als je behoudend bent in je investeringen en niet gokt.

ONDERSTEBOVEN: Ja!
Je zit heel dicht tegen de ware liefde aan, maar eerst vragen kwesties rondom veiligheid om een oplossing. Jij en/of je partner voelen je wellicht heel erg kwetsbaar en onbeschermd of door elkaar en/of door gevestigde regels en structuren verstikt. De realiteit ten aanzien van rijkdom, status en invloed kan een belastend obstakel vormen, als je je niet laat leiden door de spirit van vriendelijkheid, begrip en compromis die eigen is aan de ware liefde. Een van jullie of jullie allebei kan er te veel over inzitten wat anderen doen of zeggen, met name de familie. Een erfenis kan uitgesteld worden of tegenvallen. Een verloving kan problemen geven.

BEZWERINGEN
VOOR DE
WARE LIEFDE

BEZWERINGEN, RITUELEN EN TOVERMIDDELEN herinneren ons eraan dat we onderdeel zijn van de ritmen en cycli der natuur. Tegenwoordig stellen veel mensen zich bij het woord 'ritueel' inheemse volkeren voor, die almaar bezig zijn tijd en middelen te stoppen in de uitvoering van curieuze, zij het mooie ceremoniën, waar ze niets mee opschieten. Anderen denken bij rituelen misschien aan een droge litanie van woorden, opgedreund in kerken en tempels. Het woord 'ritueel' hoeft niet zozeer opnieuw gedefinieerd te worden, zoals tal van andere aspecten van het moderne leven, maar het gaat er meer om de essentie van zijn oorspronkelijke betekenis terug te halen.

De inheemse volkeren verdoen hun tijd niet met traditionele ceremoniën – zij bevestigen hun connectie met de natuurlijke wereld opnieuw. De litanie die we horen in onze kerken en tempels diende oorspronkelijk om opnieuw het geloof te bekennen en bij de gelovigen een religieuze ervaring op te roepen.

De verschillende offergaven, gebeden, affirmaties, liederen, verhalen en andere rituele technieken die men deed met het oog op gunstige gebeurtenissen werden heel precies opgetekend en steeds opnieuw gebruikt.

Een van de voornaamste functies van een ritueel is een spirituele connectie in ons dagelijks leven tot stand brengen. Bezweringen en rituelen erkennen het bestaan van een hogere macht, in onszelf en in onze wereld. Ze versterken ook onze verlangens en onze intentie bij de verwezenlijking ervan.

Voer de bezweringen altijd veilig uit. Pas op als je kaarsen en wierook gebruikt. Laat een brandende kaars enz. nooit onbewaakt achter. Als je iets aansteekt, doe dit dan in een goed geventileerde ruimte en in een stevige, vuurvaste metalen of aardewerken schaal, die stabiel staat en waar geen vonken uit kunnen spatten. Kijk uit met scharen en andere scherpe voorwerpen.

LIEFDE AANTREKKEN
~

Maak een altaartje en versier het met liefdessymbolen die jou inspireren: foto's van mooie dingen, geurtjes en kleurige lapjes stof.

Neem een witte kaars en schrijf er met de punt van een pen in: 'Mijn ware liefde komt naar me toe.'

Zet de witte kaars in een standaard in het midden van het altaartje. Steek hem aan. Ga gemakkelijk zitten en kijk naar de vlam, terwijl je visualiseert dat je liefde in harmonie en schoonheid naar je toekomt. Is de kaars opgebrand, verzamel dan de kaarsrestjes, wikkel ze in een lapje stof van het altaartje en bewaar ze op een veilige plek.

JEZELF MACHT GEVEN
~

Mediteer bij het nemen van een douche of bad over je intentie om jezelf macht te geven. Durf je schoonheid en innerlijke kracht te voelen. Laat het kritische stemmetje waaraan je geen behoefte hebt los. Visualiseer hoe alle negativiteit die je met je meesleept, wegspoelt door het putje.

Ben je klaar, kijk dan terwijl je jezelf afdroogt in een spiegel en zie overal om je heen een glanzend licht. Zeg de volgende woorden tegen jezelf:

Ik voel mijn schoonheid
en mijn innerlijke kracht.
Ik laat toe dat mijn liefde, licht en lachen
mij en degenen om mij heen
macht geven.

LIEFDE OVERBRENGEN
~

Schrijf degene in wie jij geïnteresseerd bent een oprechte brief. Besprenkel de brief met een lekkere geur en trek daarna met je nagels 'slangenlijnen' van boven naar beneden over het papier als merkteken. Schrijf de naam op een envelop en stop de brief erin.

Houd vervolgens de brief tegen je hart en spreek in gedachten een speciale wens uit. Focus je innerlijke wil op het uitkomen van je wens. Aanvaard dat jouw wil geschiedt. Leg de brief drie nachten onder je hoofdkussen en verbrand of begraaf hem daarna op een veilige plek.

OPENSTAAN VOOR LIEFDE
~

Zoek een verse roze roos en zet hem in een vaas. Pak een roze kaars en teken er drie hartjes op voor je lichaam, geest en ziel.

Zet hem in een standaard, steek hem aan en zeg:

Ik bid om een liefde
te ontvangen die waar is.
Open de deur
en moge ik zo
een nieuw iemand ontmoeten.

STRESS VERLICHTEN

~

Pluk een paar witte bloemblaadjes. Doe een mooie schaal half vol water. Strooi de blaadjes erop terwijl je zegt:

> *Waarheid en schoonheid,*
> *wees gezegend.*
> *Neem van dit water*
> *alle onzuiverheden weg.*
> *Bloemen van liefde,*
> *wees gezegend,*
> *breng vrede en rust*
> *in mijn geest.*

Laat de blaadjes op het water ronddrijven. Zet de schaal voor je neer en laat je gedachten net zo licht drijven als de blaadjes. Stel je voor dat het water geladen is met de positieve energie van de schoonheid van de bloemen en de liefde van het universum.

EEN RUZIE BEËINDIGEN

~

Zoek een kwartskristal. Zet het voor je neer, samen met een glas water. Durf te ontspannen en je kalm te voelen. Eenmaal ontspannen, denk je aan het kwarts en zegt:

> *Nu is het tijd*
> *om de ruzie te beëindigen.*
> *Laat de wond helen,*
> *maak het weer goed.*

Herhaal dit net zo lang tot je de pijn over het conflict weg voelt stromen. Maak het kwarts schoon. Spoel het water weg. Als je je kwaad gaat voelen, herhaal de bezwering dan.

EEN VERLOREN LIEFDE TERUGKRIJGEN

~

Zet twee roze kaarsen op je altaartje, met een foto van je verloren liefde. Steek de kaarsen aan. Zing het volgende twee keer:

> *Universum van liefde,*
> *hoor mijn gebed!*
> *Breng passie en vuur,*
> *hoor mijn wens.*
> *Als het zo zijn moet,*
> *breng dan mijn ware liefde naar mij terug.*

JE HARTCHAKRA OPENEN

~

Ga liggen, ontspan en voel je op je gemak. Sluit je ogen.

Ga met je aandacht naar het gebied van je hartchakra in het midden van je borst. Stel je een wit licht voor dat in een werveling van groene energie verandert die in de richting van de klok in je borst ronddraait. Voel de zuiverende energie door je hart stromen.

Adem langzaam in en uit terwijl je ziet hoe het groene wervelende licht elke blokkade die je maar hebt wegneemt.

Stel je voor dat je liefde inademt… mededogen… vertrouwen.

Stel je voor dat je zelfmedelijden uitademt… paranoia… verdriet. Zie deze verdwijnen in de groene werveling van energie.

Je bent vergevend. Je bent rustig. Je bent een genezer. Ervaar hoe de liefde, het licht en lachen je hart vullen met de vreugde van intimiteit.

Zie nu de groene kleur in een wit licht veranderen dat zich door je hele lichaam verspreidt. Ga door met te ontspannen.

Slaak een diepe zucht. Aahhhhh. Open je ogen.

POSITIEVER WORDEN
~

Neem een oranje kaars en wat citrusolie. Zoek een rustige tijd en plek, weg van alle afleiding. Zet de kaars op het altaartje met de olie. Schrijf je naam in de kaars met de punt van een pen. Terwijl je wat olie in de kaars wrijft, zeg je de volgende woorden hardop of stilletjes voor jezelf:

> *Ik zuiver mijn gedachten met het licht van de zon.*
> *Laat mijn positieve bezwering werken,*
> *de kaars branden om mijn wil te sterken,*
> *dit ritueel iets gunstigs, niets ongunstigs brengen.*

Steek de kaars aan en zet hem op een veilige plek waar hij helemaal kan opbranden.

EENZAAMHEID KWIJTRAKEN
~

Neem een stukje papier en focus op je eenzaamheid. Schrijf, met dit gevoel, op het briefje:

> *Eenzaamheid, laat mij toch.*
> *Bevrijd mij van je pijn.*
> *Ik bid voor gemak, warmte en vrienden*
> *die echt van mij houden zoals ik ben.*

Vouw het briefje dubbel en stel je voor dat de eenzaamheid erin is opgesloten. Begraaf het in de aarde of gooi het bij de vuilnis.

EEN GEBROKEN HART HELEN
~

Bind losjes een veer met een dunne draad aan een boom en zeg het volgende:

> *Hartenpijn, laat mij los alsjeblieft.*
> *Wanhoop, ga alsjeblieft weg.*
> *Wind en veer, bevrijd mij.*

Loop weg. Wanneer de wind de veer uit de boom blaast, zul je bevrijd zijn.

DROMEN VAN LIEFDE

~

Schrijf je wens op een stukje papier. Maak een vouw in het midden en dan nog een keer. Teken een open oog in een hart op de buitenkant van het gevouwen blaadje. Leg het zo onder je kussen en herhaal bij het gaan slapen:

Met open hart probeer ik te zien
wat de toekomst mij brengt.
Goed of slecht,
onthul mijn wens – dat is wat ik wens.

Bij het ontwaken probeer je in gedachten de boodschap die je droom jou doorgeeft te vatten. Laat de droomsymbolen tot je spreken.

OBSESSIEVE GEVOELENS STOPPEN

~

Focus je gedachten op de persoon door wie jij niet langer geobsedeerd wilt zijn. Bedenk alle redenen die je nodig hebt om dit gevoel kwijt te raken. Schrijf de naam van de persoon op een briefje. Streep de naam met kracht door terwijl je zegt:

Jij hebt niet langer een plek
in mijn hart – ik val niet op je.
Ik ga mijn gevoel voor jou begraven
om een nieuw begin te maken.

Begraaf dit briefje en alle gevoelens die je hebt over die persoon buiten, bij nieuwe maan.

JALOEZIE OVERWINNEN
~

Denk aan degene op wie je jaloers bent of aan de persoon die dit is op jou. Schrijf de naam op een papiertje. Aan de andere kant schrijf je de woorden:

Moeder natuur, rechtvaardig en waar,
u bied ik deze emotie aan.
Genees de negatieve gevoelens binnenin,
sta me bij om ze los te laten en te triomferen!

Vouw het papiertje, zodat de naam aan de binnenkant zit en niet meer zichtbaar is. Houd het tegen je voorhoofd. Ga er met je rechterhand driemaal overheen en schud alle negatieve gevoelens van je af. Leg het papiertje een maand lang in de vriezer en gooi het dan weg.

EEN NIEUW BEGIN MAKEN
~

Ga kort voor zonsopgang naar buiten met een wierookstokje. Kijk in de richting van het oosten, steek de wierook aan en verwelkom het gevoel van een nieuw begin maken. Zeg:

Met dit begin,
met deze dageraad
verwelkom ik de start
van een creatief nieuw pad!

Kijk naar hoe de wind de rook van het wierookstokje meevoert. Zie de zon opkomen en voel de zuiverende werking van zijn stralen waardoor jij aan je nieuwe dag kunt beginnen.

LIEFDE DUURZAAM MAKEN
~

Bij nieuwe maan schrijf je je wens op een laurierblad. Neem het mee naar buiten en kijk naar de maan, kus het blad driemaal en slaap ermee onder je kussen.

MEER ZELFWAARDERING

~

Neem een handspiegel en steek een kaars aan. Kijk in de spiegel en bestudeer je gezicht. Ga na wat je beste eigenschappen zijn, die vanbinnen en van buiten. Zing het volgende lied:

Spiegel van mysterie, schoonheid en licht,
laat mijn ware spirit verschijnen!
Moge ik er vanbinnen en van buiten op vooruitgaan!
Ik aanvaard mijn kracht, zonder spoor van twijfel!

Bestudeer jezelf nog eens in de spiegel. Focus uitsluitend op je goede eigenschappen en vertel aan jezelf hoe mooi je bent.

EEN RELATIE VERBREKEN

~

Visualiseer, om de banden tussen jou en een ander te verbreken, een wit koord dat eerst om je middel zit en daarna om dat van hem of haar. Zeg tegen jezelf:

Je hebt je belofte gebroken.
En nu is het over.
Onze band verbroken, geen vreugde of plezier.
Ik snijd het koord door dat ons bijeenhield,
nu ik vrij ben om te doen wat juist is.

Visualiseer het doorsnijden van het koord tussen jullie. Je zit niet vast aan hem of haar in dit leven en kunt met open hart vooruitgaan.

VERDRIET LOSLATEN

~

Zet een kop kamillethee voor jezelf en snuif het aroma op. Zorg dat je op je gemak bent en ontspan.

Bij het ontspannen en inademen stel je je voor hoe het licht van geluk in je binnen stroomt. Bij het uitademen stel je je voor hoe de duisternis van een depressie uit je wegvloeit. Probeer je de gelukkigste momenten van je leven te herinneren en visualiseer hoe die energie van blijheid en tevredenheid nu door je heen stroomt.

VRIJ ZIJN VAN ZORGEN

~

Maak een glazen pot met een goed sluitende deksel schoon. Schrijf het probleem op een briefje. Stop het in de pot, terwijl je de volgende bezwering zegt:

Ik stop mijn zorgen in een pot,
het probleem zal mijn geest niet verstoren.
Weet ik het uit mijn hoofd te weren,
zal ik mijn zorgen begraven
als iets doods.

Wanneer het probleem opgelost is, haal dan het briefje uit de pot en begraaf het.

WOEDE LOSLATEN

~

Schrijf de volgende woorden driemaal op een stukje papier:

Woede en wanhoop, ga weg.
Ik laat toe dat mijn hart heelt.
Geef me er liefde en vrede voor in de plaats,
zodat ik kan zijn wie ik hoor te zijn.

Vouw het briefje dubbel en leg het in een vuurvaste schaal. Steek het aan met een lucifer en laat het tot as vergaan.

Voel de pijn van de woede in de relatie wegbranden terwijl de vlammen van woede uitdoven tot kooltjes en daarna tot as. Als de schaal is afgekoeld, begraaf de as dan diep in de aarde.

JE HART OPENEN VOOR EEN NIEUWE LIEFDE

~

Neem een bad in water met een geurtje of met rozenolie. Laat de stress van de dag wegvloeien en, als je klaar bent, door de afvoer weglopen. Smeer je lichaam met lotion in, de bloedsomloop stimulerend. Trek iets roods aan. Draag sieraden met rode stenen. Graveer met een naald en in je eigen woorden je verlangen naar een nieuwe liefde in een rode kaars. Spreek je wens hardop uit en voel je verlangen naar een nieuwe liefde terwijl je een godheid aanroept, in de kaarsvlam kijkend. Visualiseer een rode kleur die vurig gloeit rondom je hele lichaam.

ALFABET
VAN DE
WARE LIEFDE

~ A ~

ALLE GOEDE DINGEN in het leven moet je waarderen. Toon je liefde. Laat zien dat het je raakt. Passie en mededogen maken je aantrekkelijk. Als je de passie van liefde wilt smaken, handel dan eerst met passie. Mannen willen best een hoop pikken om de waardering van hun ware liefde te krijgen. Vrouwen wensen, als de bewaarsters van het heilige levensvuur, het respect te krijgen dat ze verdienen. Als je elkaar wederzijds respecteert zal de ware liefde zich verdiepen en heel lang duren.

~ B ~

BRENG PLEZIER in je leven en wees speels. Creëer een gevoel van avontuur. Probeer een positieve, open houding te bewaren zelfs als dingen niet zo lijken te gaan zoals jij wilt. Veel levenskunst houdt in met het onverwachte om kunnen gaan. Kijk met de ogen van een kind. Geniet en vier.

~ C ~

CULTIVEER tevredenheid onder alle omstandigheden. Zelftwijfel is het meest ontmoedigende obstakel op onze zoektocht naar verlichting. Echte tevredenheid leren we kennen door het nu te omarmen en te stoppen met de worsteling om aan onzekerheid, pijn en twijfel te ontkomen.

~ D ~

DUALITEIT is het hoofdprincipe dat onze realiteit organiseert. We kunnen geen licht kennen zonder het donker te kennen, de betekenis van zoet niet zonder die van zuur. Daaruit volgt dat we niet kunnen kennen wat ons bevalt zonder ook te ervaren wat ons niet bevalt.

~ E ~

EXPRESSIE van creatieve aard is essentieel. Men moet je waarderen om wie je werkelijk bent. Doe je mond open en maak je kenbaar aan de ander. Communicatie begint met een poging om jezelf duidelijk te maken. Het is geen kunst om ware communicatie te blokkeren door angst en vooropgezette meningen. Belangstelling hebben voor hoe anderen zich uitdrukken (oftewel: luisteren!) leidt tot delen en delen tot geven om. Creatieve zelfexpressie is ware spiritualiteit.

~ F ~

FABULEUS hoe vergiffenis werkt als tegengif voor pijn. Al te vaak neigen we ertoe om het probleem niet op te lossen, maar met het vingertje te wijzen. Vergeven is geen zwakte maar de grootste kracht. Vergeef vooral jezelf. Accepteer je menselijke zwakte als een natuurlijk deel van je wezen en je fouten als tekens van je pogingen om te groeien.

~ G ~

GROEI ontstaat door zelfonderzoek en bewustzijn van jezelf. Ken uzelf. In ons geval was het de toewijding aan ons gemeenschappelijke doel van persoonlijke ontwikkeling, waardoor wij konden leren en elkaar helpen groeien. Misschien kennen wij de zin van het leven niet, maar de zin van ons eigen leven zijn wij gaan ervaren.

~ H ~

HUMOR is een fantastische kwaliteit in relaties. Het is een van de waardevolste en aantrekkelijkste trekken die een mens kan hebben. Als je blijft kijken naar de humor in je situatie, dan vind je hem niet alleen, hij sleept je ook door vrijwel elke moeilijke tijd heen. Humor zorgt dat je vooruit blijft gaan, zelfs wanneer je geconfronteerd wordt met een nederlaag.

~ I ~

INTUÏTIE is je innerlijke visie – laat je erdoor leiden. Word gewaar, geef aandacht, luister – leer de ware gevoelens van jezelf en je partner 'zien'. Bevestig elkaars intuïtie. Door onze reacties op de boodschappen die onze intuïtie ons aanreikt te observeren, gaan we onze verlangens, doelen en andermans motivaties beter begrijpen. We leren zien wat ons blokkeert, wat ons bevrijdt van ons onware zelf en wat ons de uitdaging van onze persoonlijke visie en mythe helpt aan te gaan.

~ J ~

JOUW OORDEELSKRACHT heeft zijn tijd en plaats. Laat hij je helpen om aanhoudend de waarheid en de diepere implicaties van elke situatie waarin je verkeert te zoeken. Bedenk dat kritiek opbouwend dient te zijn en niet een rookgordijn voor kwetsende woorden en daden. Beoordeel de waarheid en de leugen.

~ K ~

KRIJG het inzicht dat je de macht hebt om negatief denken en gedrag teniet te doen. Probeer inzicht te krijgen en om te gaan met je grootste vijand, je eigen angst. Een geslaagd leven met kwaliteit en zin betekent naar onze ervaring niet dat je niet reageert op angst, onzekerheid en afwijzing. Belangrijk is hoe snel je je evenwicht hervindt en doorgaat met je leven.

~ L ~

LIEFDE neemt in ons leven een heilige plaats in, waar wij echt kunnen groeien en genezen. Wanneer wij liefhebben en zelf bemind zijn, is er iemand die wij om raad durven vragen, iemand die voor ons het allerbeste wil. Wanneer je iemand lief hebt, wil je zoveel mogelijk met hem/haar samen zijn, want met toegewijd geluk lijkt het leven inderdaad van heel korte duur.

~ M ~

MAGIE laat je concentreren op waar je van houdt, niet op wat je haat. Laat wonderen gebeuren, bid, vraag raad aan de wijzen. Geloof dat er onzichtbare machten zijn die ons beschermen, verbinden en dragen. Wanneer we de verborgen relaties zien, is de wereld geladen met symboliek. Magische rituelen en gebeden herinneren ons aan onze connectie met onbeperkte energieën, die ons voeden en wenken om ons volle potentieel te bereiken. En wij zullen het nodige doen om die connectie helder en heel te houden. Bidden is een vorm van magie, waarin wij een verbond sluiten met het goddelijke.

~ N ~

NATUUR: zij leert ons over de cycli van het leven. De hele wereld is bezield met boodschappen en spreekt tot ons als wij maar willen luisteren. De natuur herinnert ons aan de overvloedige schoonheid in het alledaagse leven. Maak in je dag tijd en ruimte vrij waarin je niet gestoord wordt, om alles wat goed is in je leven tot je te laten 'spreken'. Het doel is zo in harmonie te zijn met het doel van het leven dat we instinctief weten welke van de paden te volgen die zich dagelijks aan ons aanbieden.

~ O ~

OPMERKZAAM zijn op hoe het gewoontepatroon van je denken je leven beïnvloedt, is erg belangrijk. Het is de aard van gewoonten om ons te regeren, tenzij we gaan zien dat het gewoonten zijn, de gebeurtenissen onderzoeken die eruit ontstaan en aandacht schenken aan hoe die in ons doorwerken. Van een gewoonte kom je alleen af door ze met geduld gewaar te zijn en door in een positieve verandering van je leven te geloven, die komt als je het oude patroon opgeeft.

~ P ~

PRACHT en vrede begint waar verwachtingen eindigen. Er is een goedheid in dingen zoals ze zijn – accepteer het hogere doel achter frustrerende omstandigheden. Het huidige moment is waar de kracht zit. Het geheim van tevredenheid zit hem niet in wereldse prestaties, maar in het vinden van innerlijke vrede.

~ Q ~

QUEESTE naar waarheid: wanneer je tijd en werk hebt gestopt in het opbouwen van waarachtigheid en vertrouwen, ga je ervaren dat dit een enorme hoeveelheid energie vrijmaakt. Die energie kan dan voor tal van belangrijke dingen gebruikt worden. Bedenk dat je niet waarachtig met een ander om kunt gaan, tenzij je bij jezelf begint.

~ R ~

RESPECTEER jezelf en toon anderen eenzelfde respect. Vind je het moeilijk om respect te hebben voor jezelf, bedenk dan dat de meest respectabele mensen ook zelftwijfel kennen. Misschien gaat zelftwijfel nooit helemaal weg, maar kunnen degenen die zelfrespect ontwikkelen zichzelf leren accepteren zoals ze zijn. Roei vooroordelen in jezelf uit en word ze gewaar in anderen. Gelijkwaardige partners hebben een geslaagde relatie. Er is geen andere weg.

~ S ~

SAMEN kun je aan je relatie werken door allebei jezelf ten goede te verbeteren. Je weet dat je je zielsvriend hebt gevonden wanneer je er alleen al van geniet om hem/haar te zien leven en je er iets heel moois van wilt maken samen en er in elk opzicht voor elkaar wilt zijn.

~ T ~

TE ALLEN TIJDE moet je vertrouwen houden in het proces. Geloof in een goddelijk plan. Bezorgdheid geeft alleen stress en brengt niets voor elkaar. Zie je in dat de meeste problemen op je pad jou op den lange duur vooruit helpen, dan ontwikkel je de positieve houding die mooie relaties oplevert. Je hoeft alleen je hart te volgen, kleine stapjes vooruit te zetten op je pad en te vertrouwen. Laat de toekomst maar aan zichzelf over. Neem de tijd om in het moment zelf aanwezig te zijn en het leven kalm en zuiver te ervaren.

~ U ~

UIT ONVOORWAARDELIJKE LIEFDE vloeit begrip. Je geliefde is je beste vriend – je moet er in elk opzicht voor elkaar zijn. Je moet voelen dat je elkaar volledig kunt vertrouwen en van elkaar steun en tedere leiding kunt krijgen wanneer een van jullie zich zwak voelt. Bedenk dat iedereen een moederlijke natuur in zich heeft.

~ V ~

VISUALISEER je verlangens. Word je gewaar van de toon en het onderwerp van je innerlijke dialoog. Visualiseer waar je ten diepste naar hunkert. Zie het innerlijk voor je en voel het alsof je het ook daadwerkelijk met al je zintuigen ervaart. Oefen dit visualiseren dagelijks. Niet alleen helpen onze dromen onze materiële werkelijkheid te scheppen, onze materiële werkelijkheid helpt onze dromen te creëren.

~ W ~

WERKEN naar een bepaald doel is de essentie van een levende, ademende relatie. Ondersteun als dit nodig is. Concentreer en richt je energie op positieve doelen: gezondheid, fitheid, creativiteit, spirituele groei. Door liefde te delen, ervaar je de blijheid die ontstaat wanneer je je partner helpt om ten volle te leven. Dit is het geheim van ware vreugde en geluk in een toegewijde relatie. Onze relatie is zo geslaagd als die is, omdat wij allebei besloten hebben dat dit het belangrijkste is in ons leven.

~ X ~

XXX: kussen en omhelzingen zijn heel belangrijk. Lijfelijk contact is de helende katalysator, waardoor jullie zielen zich met elkaar verbinden en één worden. Seks is een van de hoogste vormen van expressie, wanneer die samengaat met ware liefde. Seks wordt door wederzijdse intimiteit, vertrouwen en vreugdevolle toewijding op een hoger plan gebracht. Zonder liefde wordt seks gewoon een van die dingen waardoor je je leegte niet hoeft te voelen. Echte liefde is opwindend, omdat jullie zoveel om elkaar geven en dit ook helemaal willen laten zien.

~ Y ~

YES, je kunt veranderen, maar alleen jezelf, niet een ander. Wel kun je ervoor zorgen dat je iets aangaat met iemand die graag vooruitgaat. Door tijd te besteden aan studie en zelfverbetering zul je altijd in staat zijn om iets positiefs te doen aan je situatie. Het verlangen om te groeien is een van onze meest basale behoeften.

~ Z ~

ZORG dat je genoeg rust krijgt en let op je stress. Luister naar je dromen. Oefen kalmte. Maak je ademhaling rustiger. Stuur je tijd. Weet dat je stress je opfokt. Lach zoveel mogelijk. Laat je masseren. Verdiep je in geneeswijzen die problemen op een fysiek, mentaal en spiritueel niveau aanpakken. Je moet eerst jezelf genezen voor je anderen kunt helen.

OVER DE AUTEURS

Niemand blijft onaangedaan onder de inspirerende leiding en invoelende inzichten van Monte Farber, de internationaal bekende auteur op het gebied van zelfhulp. De prachtige, unieke, spirituele modecreaties en wandkleden met applicatiewerk van Amy Zerner getuigen van haar diepe intuïtie en connectie met archetypische verhalen en helende energieën. Bijna dertig jaar lang hebben ze hun diepe liefde voor elkaar gecombineerd met het werk van zelfonderzoek en zelfontdekking om zo 'de betoverde wereld van Amy Zerner en Monte Farber' te scheppen: boeken, kaartspellen en orakels. Hiermee leerden talloze mensen een antwoord op hun vragen, een diepere zin en hun eigen spirituele pad te vinden.

Samen hebben zij van hun liefde voor elkaar een kunstwerk gemaakt en van hun kunst hun levenswerk. Enkele bestsellers zijn: *The Chakra Meditation Kit*, *The Enchanted Tarot*, *The Instant Tarot Reader*, *The Psychic Circle*, *Karma Cards*, *The Pathfinder Psychic Talking Board*, *The Oracle of the Goddess*, *The Truth Fairy*, *The Healing Deck*, *The Zerner/Farber Tarot Deck*, *The Breathe Easy Deck*, *The Animal Powers Meditation Kit* en *Gifts of the Goddess Affirmation Cards*.

Bezoek Amy's en Monte's fantastische website: www.TheEnchantedWorld.com, waar je niet alleen nog meer vindt over hun leven en werk, maar eveneens gratis tarot-, astrologische en alchemistische lezingen krijgt, je dagelijkse affirmaties, e-cards van Amy's prachtige kunst en nog veel meer! Deze website is een betoverde oase van vrede, schoonheid en wijsheid en zonder dwang en reclamevrij. Jij en je vrienden zullen deze heerlijke plek willen delen. Zoiets unieks is nergens anders op het web te vinden.